Oliver Hardenberg | Michael Greiwe
Imke Stotz | Ana Rodríguez

Es gibt immer gute Gründe!

Neue korrigierende Erfahrungen für traumatisierte Pflegekinder

Illustrierte Geschichten für Pflegekinder
sowie Erklärungen für Pflegeeltern und Fachkräfte

Bibliografische Information der Deutschen Nationalbibliothek
Die Deutsche Nationalbibliothek verzeichnet diese Publikation in der Deutschen Nationalbibliografie; detaillierte bibliografische Daten sind im Internet über http://dnb.d-nb.de abrufbar.

2. Auflage 2026
1. Auflage 2024
ISBN 978-3-8248-1342-1

Mollweg 2, D-65510 Idstein
Vertretungsberechtigte Geschäftsführer: Dr. Ullrich Schulz-Kirchner, Martina Schulz-Kirchner
Herstellung: Susanne Koch
Druck und Bindung: TZ-Verlag & Print GmbH, Bruchwiesenweg 19, 64380 Roßdorf
Printed in Europe

Inhalt

Die illustrierten Geschichten

Die Fachtexte zu den illustrierten Geschichten

Die Herausgeber und Autoren des Buches

Oliver Hardenberg ist Diplom-Psychologe. Er absolvierte eine Psychotherapieausbildung mit Approbation für Kinder, Jugendliche und Erwachsene, eine Weiterbildung zum Forensischen Psychologen und erhielt die Zertifizierung zum Supervisor. 1993 gründete er in Münster eine Fachpraxis für Psychotherapie und forensische Psychologie, 2018 das Institut für Adoptiv- und Pflegefamilien (IAP). Er ist Fachreferent, Autor und Berater in der Jugendhilfe sowie Kurator der Stiftung zum Wohl des Pflegekindes in Holzminden.

Michael Greiwe ist Diplom-Sozialpädagoge. Er ist Inhaber und Geschäftsführer der 1999 gegründeten Pädagogische Dienste Ambulant GmbH und der 2001 gegründeten Pädagogische Dienste Stationär GmbH in Rheine. Er war von 2009–2018 Geschäftsführer der Stiftung zum Wohl des Pflegekindes in Holzminden und ist heute neben den oben genannten Tätigkeiten als Referent für Jugendhilfe und Familienrecht, Autor sowie familiengerichtlicher Sachverständiger tätig.

Die Autorin der Geschichten

Imke Stotz ist Diplom-Designerin und Kinderbuchautorin. Sie studierte Visuelle Kommunikation in Münster und arbeitet seitdem als Illustratorin, Autorin und Herausgeberin für verschiedene Verlage. Sie hat zwei Töchter und lebt mit ihrer Familie in Münster.

Die Illustratorin der Geschichten

Ana Rodríguez ist Illustratorin und Concept Artist. Sie hat ihren Bachelor of Arts an der Münster School of Design absolviert und ist, nach einem zusätzlichen Character Design Master in Madrid, in den Bereich der Animation eingestiegen. Aktuell lebt sie in Segovia und arbeitet als Freelancerin an diversen Projekten, sowohl für den spanischen als auch für den US-amerikanischen Markt.

Persönliches Grußwort von Roland Kaiser an die Leserinnnen und Leser

Ohne meine Pflegemutter hätte ich keine Mutter gehabt. Es hätte für mich keine Bezugsperson gegeben, die mir Wärme, Sicherheit, Geborgenheit und ein liebevolles Zuhause geschenkt hätte.

Niemanden, dem ich meine kindlichen Wünsche, Freuden, Sorgen oder auch täglichen Erlebnisse aus der Schule, mit Spielkameraden usw. hätte erzählen können.

Meine Mutter war meine Pflegemutter. Alle meine Werte, die für mein Leben wichtig sind, habe ich von ihr.

Ohne meine Pflegemutter wäre ich nicht der Mensch, Familienvater, Freund und auch erfolgreiche Künstler, der ich heute bin.

Es gibt immer gute Gründe!

Roland Kaiser

Die Autobiographie von Roland Kaiser ist im Heyne-Verlag erschienen:
Roland Kaiser, Sabine Eichhorst: Sonnenseite: Die Autobiographie (2021)

Die Unterstützer

Wir freuen uns sehr darüber, dass engagierte und renommierte Unterstützer aus dem Pflegekinderwesen unser Buch inhaltlich und finanziell fördern und bedanken uns dafür herzlich!

Stadt Leipzig
Amt für Jugend und Familie

Einführung

von Michael Greiwe

Nach dem ersten Buch *„Wir haben gute Gründe!“* (Hardenberg et al., 2022) stellt nun das zweite Buch *„Es gibt immer gute Gründe!“* eine Fortsetzung mit weiteren zehn illustrierten Geschichten von Pflegekindern[1] dar.

Die Themen und Inhalte handeln wieder von Pflegekindern, die zu ihrem Schutz dauerhaft in einer Pflegefamilie untergebracht worden sind, da sie in ihrer Herkunftsfamilie Ablehnung, Vernachlässigung und Misshandlung erlebt haben.

Mit Leon (*„Leon und seine Angst, nicht bleiben zu dürfen“*) und Lena (*„Lena und das Essen-Verstecken“*) begegnen uns zwei Pflegekinder aus dem ersten Buch wieder, die mittlerweile einige Jahre älter geworden sind. Ihre Entwicklungen und Auffälligkeiten stellen sich jetzt zwar anders dar, wiederholen sich aber auch.

„Wir haben gute Gründe!“ erläutert im theoretischen Teil die fachlichen Grundlagen; im vorliegenden zweiten Buch *„Es gibt immer gute Gründe!“* wird nun jede Geschichte für sich thematisch erörtert. Für das Verständnis sind die Grundlagenkenntnisse aus dem ersten Buch hilfreich.

Ungewöhnliche Verhaltensweisen und emotionale Befindlichkeiten von Pflegekindern sollen mit der Lektüre dieses Buches besser erkannt und eingeordnet werden können. Hilfreich dafür ist das Verstehen des **Konzeptes des guten Grundes** und des **Prinzips korrigierender Beziehungserfahrungen** in der Pflegefamilie. Traumatische Erfahrungen werden anhand beider Leitmotive gewürdigt, um einen empathischen Zugang zu Pflegekindern zu finden.
In vielen der Geschichten werden die Chancen neuer korrigierender Erfahrungen durch Erlebnisse in der Pflegefamilie zur Stabilisierung und Gesundung der Pflegekinder deutlich.

Das Konzept des guten Grundes und das Prinzip korrigierender Erfahrungen stellen bei auffälligen Verhaltensweisen nicht die Frage, wie die Auffälligkeit des Kindes direkt behoben werden kann, sondern die Fragen, aus welchen Gründen das Kind sich so verhält und wie ihm nach und nach korrigierende Erfahrungen ermöglicht werden können. Ziel ist es nicht, dass das Pflegekind sein Verhalten den Wünschen der Erwachsenen anpasst; Ziel ist es, die Ursache seines Verhaltens zu ergründen und anhand seiner Lebensgeschichte zu verstehen.

Die einzelnen Reaktionen der Pflegeeltern in den Geschichten sollen daher nicht stringent oder gar wortwörtlich übernommen werden, sondern vielmehr helfen, eine annehmende und verstehende Haltung zu entwickeln. Für das Pflegekind ist allein schon sein Erleben, dass es gerade in seinen Besonderheiten und Auffälligkeiten angenommen und verstanden wird, eine grundlegende und entscheidende korrigierende Erfahrung.

Das gemeinsame Lesen der illustrierten Geschichten ist für Pflegekinder gedacht, deren Wissen über ihre Erfahrungen in der Herkunftsfamilie präsent ist, denen also bereits in alters- und kindgerechter Form die Gründe ihrer dauerhaften Unterbringung in der Pflegefamilie erklärt wurden. Dementsprechend richten sich die Geschichten an ältere Pflegekinder, die schon etwas Abstand zu ihren Ängsten gewonnen haben und neue Erfahrungen machen konnten. Dass die Geschichten bei manchen Pflegekindern Vergleiche mit der eigenen Geschichte oder Fragen dazu aufwerfen, ist beabsichtigt und stellt für Pflegeeltern eine Chance zum Gespräch über die Lebensgeschichte dar.

Hilfreich kann auch ein durch das gemeinsame Lesen der Geschichten entstehender Rückblick auf schon bewältigte traumabedingte Ängste des Kindes oder auf die Veränderung seines Verhaltens sein. So bietet sich die Möglichkeit, dass Pflegekind und Pflegeeltern das Erreichte in ihre Beziehung einordnen können. Dabei kann deutlich werden, welche traumatischen Ängste bereits überwunden und welche Auffälligkeiten schon abgeschwächt sind.

In Situationen, in denen ein guter und entspannter Zugang zum Kind gegeben ist, lassen sich Konflikte des Alltags in der Pflegefamilie im Zusammenhang mit Verhaltensauffälligkeiten mit der notwendigen emotionalen Distanz einerseits und der familiären Nähe durch wohlwollendes Verstehen andererseits hilfreich reflektieren. Demzufolge sollten die Geschichten nicht in oder kurz nach Konflikten als Lösungsansatz eingesetzt werden.

Nicht empfehlenswert ist es, das Pflegekind die Geschichten allein lesen zu lassen.

Die illustrierten Geschichten erscheinen im Verlauf teils „idealtypisch“. Damit soll aber keinesfalls der Eindruck vermittelt werden, dass eine solche Perfektion zum Anspruch an Pflegeeltern wird. Ohnehin sind die Anforderungen an Pflegeeltern mit Aufnahme eines traumatisierten Pflegekindes sehr hoch.

1 In unseren Texten steht der Begriff „Pflegekinder“ auch stellvertretend und gleichermaßen für Adoptiv-, Bereitschaftspflege-, Verwandtenpflege-, Netzwerkpflege-, Erziehungsstellen- oder Wohngruppenkinder. Die Folgen traumatischer Erfahrungen betreffen viele dieser Kinder unabhängig davon, welchen jeweiligen familien- und sozialrechtlichen Status sie innehaben.

Mehrjährige und inhaltlich nicht eindimensional verlaufende Prozesse mit vielen Wiederholungen sind notwendig, um tiefgreifende Veränderungen einzuleiten. Dennoch ist die idealtypische Darstellung der illustrierten Geschichten hilfreich, um das jeweilige Thema klarer und zielführender abzubilden sowie das Konzept des Guten Grundes und den Einstieg in korrigierende Erfahrungen zu verdeutlichen.
Alle Geschichten sind frei erfunden, jegliche Ähnlichkeiten mit existierenden Personen sind rein zufällig.

Dieses Buch ist den sozialpädagogischen Fachkräften gewidmet, die sich in ihrer beruflichen Arbeit täglich um das Wohl der Pflegekinder sorgen und sich für sie einsetzen sowie die Qualität ihrer Arbeit durch Fort- und Weiterbildung, Fachberatung und Supervision sicherstellen und weiterentwickeln.

Es ist erfreulich, dass sich im Pflegekinderwesen so viele Menschen aus so vielen unterschiedlichen Disziplinen engagieren.

Ihnen viel Erfolg bei Ihrer so sinnvollen Tätigkeit!

Meikel und seine Wut

Annette schaut aus dem Fenster und lässt ihren Blick über den erblühenden Gemüsegarten schweifen, der direkt an die große Weide angrenzt, auf der sich Kühe über das frische Gras freuen. Der Frühling ist da, und die Sonne tanzt durch die Zimmer.
„Der perfekte Tag für den Frühjahrsputz“, denkt Annette. Sie macht Musik an und legt los.

Angelockt von ihrem fröhlichen Gesang kommt ihr Pflegesohn Meikel in die Küche.
„Was machst du? Wieso bist du so fröhlich?“, fragt er, während er Annette dabei zusieht, wie ihr Besen im Takt der Musik hin und her fegt.
„Ich mache heute den Frühjahrsputz“, antwortet sie lächelnd.
Meikel stutzt. „Frühjahrsputz? Was ist denn das?“
Annette hält einen Moment inne.
„Weißt du, wenn der Winter vorbei ist, draußen alles sprießt, die Tiere ihr Winterfell abwerfen und die Natur die Welt wieder schön bunt macht, ist das ein Zeichen für Neuanfang. Dann wird auch drinnen aufgeräumt, geputzt und alles schön gemacht.“

„Hab ich noch nie gehört ..., aber wenn du das machst, dann mache ich das auch. Ich mache Frühjahrsputz in meinem Zimmer!“, ruft Meikel fröhlich und flitzt voller Tatendrang in sein Zimmer.
Annette lacht. „Okay, gute Idee! Ich komme gleich und zeige dir, wie du das am einfachsten machst.“

Kurze Zeit später sind beide schwer damit beschäftigt, Meikels Zimmer von Staub zu befreien, zu sortieren und aufzuräumen.

Plötzlich zerschneidet klirrender Krach die fröhliche Stimmung.
„Die Legokiste hat es auch nötig. Wir machen die Steine sauber und sortieren sie dann wieder“, sagt Annette und schaut auf den Haufen bunter Steine, die sie gerade aus der großen Wanne auf den Boden gekippt hat.
Da Meikel nichts darauf sagt, blickt Annette hoch und sieht, wie ihr Pflegesohn erstarrt dasteht und sie voller Wut ansieht. Dann bricht es aus ihm heraus:
„Das will ich nicht! Du machst alles kaputt, hau ab! Du bist eine Scheißmutter!“ Schreiend rennt er durch sein Zimmer und beginnt damit, es komplett zu verwüsten. Sein Verhalten gleicht einem Vulkanausbruch. Er tritt gegen sein Bett, den Schrank, wirft

Fassungslos hält sie inne. „Oh mein Gott, ... du kochst ja vor Wut. So doll, dass du die Wut gar nicht mehr aufhalten kannst!“

Nach einiger Zeit wird es ruhig. Jetzt hält Meikel inne. Seine Aggression scheint verpufft und er sackt in sich zusammen. Er wirkt irritiert und etwas abwesend. Langsam geht Annette auf ihn zu und nimmt ihm behutsam ein Buch aus der Hand. Sie spürt, dass er das nun zulassen kann.

„Ich verstehe dich, Meikel“, sagt sie leise, „und ich weiß, dass wir es zusammen schaffen.“ Meikel wendet sich mit leerem Blick ab und rollt sich, seinen Teddy im Arm, auf seinem Bett zusammen.

mit Büchern um sich, eines fliegt sogar in Richtung seiner Pflegemutter.

Annette ist fassungslos. „Was ist denn los mit dir? Ich will dir doch nur helfen!“ Doch Meikel scheint sie gar nicht zu hören, so eingenommen ist er von seiner Wut.

Annette versucht, ihm Gegenstände aus der Hand zu nehmen, ihn irgendwie zu stoppen, doch er beschimpft sie weiter.

Annette lässt ihn in Ruhe und beginnt behutsam, das Chaos im Zimmer etwas zu ordnen. Während sie den umgetretenen Schreibtischstuhl wieder aufrichtet, begegnet ihr Blick den traurigen Augen ihres Pflegesohns. Sie setzt sich zu ihm und streicht vorsichtig über sein Haar. Er lässt es zu und schließt seine Augen.

„Ich will das gar nicht, das passiert einfach. Bin ich verrückt?“, flüstert Meikel mit Tränen in den Augen.

„Nein, du bist nicht verrückt. Das, was du erlebt hast, ist verrückt. In solchen Momenten wirst du total von deiner Wut beherrscht, was du selbst gar nicht willst“, erwidert Annette.

Meikel beginnt leise zu weinen. Annette nimmt ihn in den Arm und tröstet ihn, während er langsam hin- und herschaukelt, bis er erschöpft von seiner Wut und seiner Traurigkeit in einen leichten Schlaf fällt. Behutsam deckt Annette ihn zu und verlässt dann ganz leise sein Zimmer.

Einige Zeit später schaut sie aus dem Küchenfenster und sieht seinen braunen Wuschelkopf. Obwohl sie immer wieder nach ihm geschaut hat, hat sie nicht bemerkt, dass er aufgestanden ist. Niedergeschlagen sitzt er auf dem Rand des Sandkastens.

Sie setzt sich zu ihm. Er kann sie kaum anschauen und sagt: „Ich bin ein schlimmes Kind. Ich glaube, niemand kann auf mich aufpassen."
„Du, ein schlimmes Kind? Überhaupt nicht! Du bist ein großartiges Kind! Und wie du vorhin gesehen hast, kann ich viel aushalten, auch deine Wut und deinen Schmerz."

Annette legt ihm behutsam die Hand auf den Rücken. „Das sind sehr starke Gefühle, doch ich bin mir sicher, mit der Zeit wirst du lernen, mit ihnen umzugehen. Und, mein Lieber, ich habe hinter deiner Wut auch deinen Schmerz gespürt und deine Traurigkeit gesehen."

Klara und ihr Aufwachsen als Pflegekind

Klara, Janina und Zoe warten, bis sich ihre Mitschülerinnen durch die Klassenzimmertür gequetscht haben. Englisch ist gerade vorbei und bis zur nächsten Stunde Chemie haben sie noch fünf Minuten Zeit.
„Uff! Nur noch eine Stunde, dann haben wir es für heute geschafft!“, seufzt Zoe.
„Jaaa, und ich freue mich schon so, denn heute holt Mama mich ab und dann fahren wir zum Reiterhof!“ Janina strahlt.
„Ich wusste gar nicht, dass du reitest“, sagt Klara.
„Tue ich auch nicht, aber ich feiere meinen Geburtstag dort und heute machen Mama und ich da alles klar. Ich bin schon total gespannt, die haben extra Geburtstagsprogramme mit Ponys.“

„Das wird bestimmt super!“, sagt Zoe.
„Auf jeden Fall! Ich habe da auch schon mal meinen Geburtstag gefeiert“, sagt Klara begeistert.
Janina zieht eine Augenbraue hoch. „Ach ja?“
„Ja, letztes Jahr. Mama hatte die Idee, weil sie die Reitlehrerin kennt. Wir haben ganz lustige Spiele mit den Ponys gemacht. Die sind so süß! Das war voll schön.“
„Mama kennt die Reitlehrerin“, äfft Janina Klara nach und rollt mit den Augen. „Na und? Ist doch egal! Meine Mama kennt zwar nicht die Reitlehrerin, aber dafür ist sie meine richtige Mama. Du bist ja nur ein Pflegekind, du hast ja gar keine richtigen Eltern!“

Klara erstarrt. In ihrem Kopf rauscht es. Sie hat nur noch einen Gedanken: weg hier. Sofort. Getroffen wendet sie sich ab und während sie in Richtung Ausgang läuft, spürt sie die Blicke der beiden Mädchen wie Laserpointer auf ihrem Rücken. Sie hat sich nicht einmal im Sekretariat abgemeldet.
Als zu Hause angekommen die Wohnungstür hinter ihr ins Schloss fällt, steckt ihr Pflegevater Sven den Kopf aus seinem Arbeitszimmer.
„Klara? Nanu, hast du schon aus?“, fragt er erstaunt.
Doch ein Blick in Klaras Gesicht genügt, um zu ahnen, dass etwas Schlimmes passiert sein muss.
„Was ist denn los?“, fragt er besorgt.
Klara setzt sich und beginnt zu weinen. Sie erzählt ihm von ihrem Gespräch mit Janina und Zoe. Davon, dass sie anders ist, weil sie keine ‚richtigen‘ Eltern hat.
Sven lehnt sich zurück und seufzt. Er weiß, wie wichtig es jetzt ist, das Richtige zu sagen, er spürt jedoch auch, wie wichtig es für ihn ist, zu sagen, was er wirklich fühlt.
„Ich verstehe, dass du verletzt bist und die Tatsache, dass du ein Pflegekind bist, ein Thema für dich ist, aber das ist weder ein Problem noch ein Grund zu weinen. Und überhaupt, was sind denn richtige Eltern? Gibt es auch nicht richtige Eltern oder gar falsche Eltern? Wir sind hier seit neun Jahren eine richtig gute Familie, wir sind ein verdammt gutes Team, egal was andere sagen oder denken.“

Klara wischt sich die Tränen weg, schaut ihren Pflegevater an und bringt ein kleines Lächeln zustande.
„Das stimmt“, sagt sie und nickt.
„Weißt du, Janina war wahrscheinlich sauer oder neidisch, weil dadurch, dass du schon einmal so einen Geburtstag gefeiert hast, ihrer nun nicht mehr so besonders ist, wie sie das gerne hätte. Was natürlich Quatsch ist. Und um dir wehzutun, suchte sie sich deine Lebensgeschichte aus. Und – ganz ehrlich – Janina hat keine Ahnung von Pflegekindern und Pflegefamilien. Woher auch? Muss sie ja auch nicht.“
„Und was soll ich jetzt machen?“, fragt Klara.
„Lass uns mal nachdenken. Was würdest du denn am liebsten machen?“
„Also, am liebsten würde ich mich rächen und Janina vor der ganzen Klasse beleidigen.“
„Ok, das ist eine Möglichkeit. Du könntest sie auch einfach ignorieren und abwarten, ob und wie sie dann reagiert. Oder, Möglichkeit drei, du sprichst sie direkt an. Fragst sie, was das sollte, und klärst das mit ihr. Klar und fair. Du musst dich nicht verstecken. Du hast so viel geschafft bis hierher.
Ich erinnere mich noch genau, was für ein Häufchen Elend damals in unser Leben getreten ist und nun schau, was aus dir geworden ist. Du hast so viele gute Gründe stolz darauf sein, wo du heute stehst und wer du heute bist! Und weißt du was? Wir sind es auch. Ich finde, wir sind eine tolle Familie, wir sind halt eine sichere Bank, da kann eine Janina erzählen, was sie will.“

Klara lächelt und umarmt Sven. „Du hast recht. Soll sie doch quatschen, was sie will. Ist mir egal, die hat ja keine Ahnung. Aber ich weiß noch nicht, was ich morgen in der Schule mache. Im Moment kann ich mir alle drei Möglichkeiten vorstellen, kann mich aber nicht entscheiden.“
„Das musst du ja jetzt auch nicht. Vielleicht lässt du erst mal alles etwas sacken und erholst dich von dem Schreck. Was meinst du?“ Klara nickt. „Danke Papa.“

Lena und das Essen-Verstecken

Lena lebt nun schon seit zehn Jahren bei Paula und Moritz und obwohl sie erfahrene Pflegeeltern sind, nehmen sie immer gerne die regelmäßigen Termine für Pflegefamilien im Jugendamt wahr.

„Schön, Sie zu sehen", begrüßt die Jugendamtsmitarbeiterin die beiden, als sie zusammen mit ihrer Beraterin zum aktuellen Termin erscheinen. „Wie geht es Ihnen und Lena?"
„Also meistens geht es uns gut. Lena ist ja mittlerweile 14. Da gibt es natürlich immer mal wieder kleine Nervereien. Manchmal ist sie gereizt und zieht sich zurück. Das ist ja ganz normal und eine typische Entwicklung in dem Alter. Doch abgesehen davon, hat sie sich toll entwickelt. Sie vertraut uns und wir vertrauen ihr", antwortet Paula.
„Und besonders glücklich macht es uns, wenn wir von anderen hören, dass sie von uns als ‚ihrer Familie' spricht", ergänzt Moritz.
Die Beraterin nickt zustimmend. „Ja, es ist wirklich schön zu sehen, wie Lena ihren Weg über die Jahre gegangen ist. Sie kann Wünsche äußern, sie traut sich, Forderungen zu stellen, und vertritt selbstbewusst ihre Meinung und ja, sie hat auch ihren eigenen Kopf."

„Auch wenn sich das vielleicht blöd anhört, so ist es doch auch ein gutes Zeichen, dass sie uns gegenüber wütend werden kann, finde ich. Und wenn sie mal etwas bedrückt oder sie vor irgendetwas Angst hat, kommt sie zu uns", sagt Paula.
„Das hört sich ja toll an! Dann scheint ja bei Ihnen alles gut zu laufen." Die Jugendamtsmitarbeiterin lehnt sich zurück und lächelt zufrieden.
„Ja und nein", sagt die Beraterin. „Ein Problem gibt es aktuell." Sie nickt Paula aufmunternd zu.

„Nun also ... es geht um eine Sache, von der wir eigentlich dachten, dass wir sie längst hinter uns gelassen hätten." Paula seufzt bedrückt. „Lena fängt wieder an Essen zu horten! In ihrem Zimmer herrscht im Moment sowieso das reinste Chaos, auch ohne dass sie darin auch noch Lebensmittel versteckt. Joghurtbecher im Kleiderschrank, Pizzareste unter dem Bett. Sie können sich das gar nicht vorstellen! Aber vorgestern traute ich meinen Augen nicht! Als ich ihre Wäsche auf die Kommode gelegt habe, stand eine Schublade auf. Plötzlich fühlte ich mich zehn Jahre zu-

rückversetzt, denn unter ihren Shirts lugte doch glatt eine Banane hervor! Ich dachte, das kann doch wohl nicht wahr sein! Geht jetzt alles wieder von vorne los?"
„Wirklich? Eine Banane?", fragt die Jugendamtsmitarbeiterin überrascht. „Ich erinnere mich noch genau an Lenas Anfang bei Ihnen und die damals in ihrer Kommode versteckte Banane. Das muss sich für Sie ja wirklich wie ein Déjà-vu anfühlen."
Moritz nickt. „Ja, und nun sind wir wieder sehr verunsichert. Haben wir etwas falsch gemacht in unserer Erziehung? Wir haben keine Ahnung, warum Lena sich auf einmal wieder so verhält, und – ehrlich gesagt – hatten wir als Eltern untereinander Streit deswegen."

Die Beraterin überlegt. „Wissen Sie, ich denke, da kommen zwei Sachen zusammen. Zum einen ist Lena in der Pubertät. Als Jugendliche möchte sie freier sein, unabhängiger von Ihnen leben. Genau diese Sehnsucht fühlt sich für sie wie ohne Eltern sein an. Und so wachen ihre furchtbaren Nöte von früher wieder auf. Das für sich selbst sorgen, immer aufpassen, dass man genug zu essen hat etc.", sagt die Beraterin und ergänzt: „Im Grunde ist es ähnlich wie früher. Lena hat aus ihrer Sicht wieder gute Gründe Essen zu verstecken. Vielleicht wäre es gut, ihr gegenüber zu signalisieren, dass Sie Verständnis für ihr Verhalten haben, anstatt sauer zu sein."
„So habe ich das noch gar nicht gesehen ... danke, das ist eine gute Erklärung", sagt Paula und schaut ihren Mann an. Moritz nickt zustimmend und wirkt erleichtert.
„Jetzt können wir besser mit der Situation umgehen. Das ‚Warum?' hat uns am meisten Sorgen gemacht, wir dachten schon, wir hätten gar nichts erreicht!"

Mit den Erkenntnissen, die Paula und Moritz aus dem Gespräch im Jugendamt gewonnen haben, gestalten sich die nächsten Tage deutlich entspannter. Ihrem Ärger ist Verständnis für Lena gewichen und gemeinsam überlegen sie, wie sie mit der Situation in Zukunft am besten umgehen können.
„Ich denke, es ist wichtig, ihr zu zeigen, dass wir die Gründe für ihr Horten heute genauso wahrnehmen und sehen wie damals. Dass wir sie verstehen und achten. Deshalb lass es uns doch auch genauso machen wie damals. Allerdings ohne noch einmal groß mit ihr darüber zu sprechen", schlägt Paula vor. „Außer, sie möchte das."

Am nächsten Tag, während Lena in der Schule ist, gehen ihre Pflegeeltern in ihr Zimmer und tauschen die versteckten abgelaufenen Joghurtbecher gegen frische aus.

Als Lena dann später aus der Schule kommt, verschwindet sie wie immer erst mal in ihrem Zimmer. Nach einer Weile klopft Paula an ihre Tür.
„Jaaa?", reagiert Lena gedehnt.
Paula tritt ein und sieht ihre Pflegetochter auf ihrem Bett liegend einen Joghurt löffeln.
„Hey, ich fahre einkaufen. Brauchst du etwas, hast du irgendwelche Wünsche?" Lena sieht sie an und ein kleines Lächeln huscht über ihr Gesicht.
„Nein danke, ich habe ja alles."

Robin und sein Liebsein

Robin und seine Pflegemutter Michaela sitzen beim Mittagessen. Michaela ist schon fertig und Robin kaut mit ernster Miene auf seinem letzten Bissen herum. Als er ihn dann endlich runtergeschluckt hat, sagt er: „Danke, das hat echt lecker geschmeckt."

Michaela legt den Kopf schief und schaut ihn an. „Na, ob das denn stimmt? Ich hatte eher den Eindruck, dass das nicht gerade dein Lieblingsessen ist. Du kannst mir ruhig sagen, wenn du etwas nicht magst." Robin lächelt seine Pflegemutter an und beteuert: „Nein wirklich, das war lecker!"

Michaela seufzt und sagt: „Wenn du meinst ..." Dann beginnt sie die Teller zusammenzustellen. Doch bevor sie sie zur Spüle bringen kann, nimmt Robin sie ihr schon ab und übernimmt das. Anschließend beginnt er sehr sorgfältig, mit dem Spültuch den Tisch abzuwischen.

„Hey, lass mir auch noch etwas zu tun. Ich bin die Erwachsene und du das Kind. Du brauchst nicht abzuräumen oder abzuputzen, das ist mein Job", sagt sie und nimmt ihm den Lappen aus der Hand. „Du kannst gerne spielen gehen."

Robin sagt keinen Mucks und geht. Michaela schaut ihm bedrückt nach und denkt: „Wie gut, dass morgen das Pflegeelterntreffen im Jugendamt ist. Ich muss dringend reden."

Am nächsten Tag sitzen die Pflegeeltern mit Frau Evas vom Jugendamt gemütlich zusammen und tauschen sich aus. Allen tut es gut, von ihren Situationen zu erzählen.

„Manchmal denke ich, dass ich alles falsch mache", beginnt Michaela. „Robin verhält sich mir gegenüber wie ein kleiner Diener. Er ist überlieb, er wischt den Tisch ab, bringt mir die Zeitung, gibt keine Widerworte, er versucht, überall zu helfen. Als ob er glaubt, ich würde das irgendwie erwarten. Es macht mich traurig, dass er es nicht zulässt, dass ich ihn so verwöhnen kann, wie ich mir das als Mutter wünsche. Manchmal glaube ich fast, dass er irgendwie Angst vor mir hat. Das ist schrecklich. Bei meinem Mann ist er anders. Da traut er sich mehr. Manchmal ist er sogar frech. Das würde er bei mir nie wagen. Nur einmal ist er mir gegenüber komplett ausgerastet. Ich weiß gar nicht mehr, worum es ging, irgendeine Kleinigkeit. Er sah mich richtig hasserfüllt an. Anschließend ist er fast zusammengebrochen und sein unterwürfiges Verhalten wurde noch extremer. Ständig hat er sich entschuldigt und war total kleinlaut. Versteht ihr

das? Liegt das an mir? Bin ich einfach die falsche Pflegemutter für ihn?“

Julia, die Michaela gegenübersitzt, nickt. „Ich kenne das Problem. Milla war früher mir gegenüber auch viel vorsichtiger und meinem Mann gegenüber nicht. Jedes Kind hat seine ganz eigenen Gründe sich so oder so zu verhalten, hat ganz eigene Probleme, eine andere Vergangenheit und Geschichte. Je mehr wir über das Leben unserer Pflegekinder wissen, desto besser können wir ihr Verhalten auch uns gegenüber verstehen und ihnen helfen. Ich denke, wir alle, die hier sitzen, sind manchmal verunsichert.“

Frau Evas pflichtet ihr bei: „Das stimmt.“ Sie wendet sich an Michaela: „Ich bin sicher, Robin hat einen guten Grund für sein Verhalten. Wie wäre es, wenn ich mir seine Akte noch einmal genau anschaue und wir beide uns dann bei einem Beratungstermin im Jugendamt wiedersehen und versuchen, dem Ganzen auf den Grund zu gehen?“

„Das würde mir sehr helfen, vielen Dank!“, antwortet Michaela erleichtert.
„Gut, dann verbleiben wir so“, sagt Frau Evas und lächelt Michaela aufmunternd zu.

Schon ein paar Tage später sitzen sich Frau Evas und Michaela im Jugendamt gegenüber.
„Also, nachdem ich mir Robins Akte angeschaut habe, kann ich nur sagen, dass er mit seinen fünf Jahren schon eine Menge ertragen musste: Angst, Ablehnung, Unsicherheit. Laut der Familienhelferin hat seine alleinerziehende Mutter Karolin ihn in unkontrollierten, lauten Wutausbrüchen oft erniedrigt und aufs Übelste beschimpft. Immer wieder musste er ihre hasserfüllten Vergleiche zwischen ihm und seinem zurzeit im Gefängnis sitzenden Vater ertragen. Einmal verlor sie sogar vor der Familienhelferin komplett die Kontrolle.“
Frau Evas liest aus der Akte wörtlich vor: „Du bist so ein Scheißkind! Du siehst aus wie dein Scheißvater und wirst bestimmt ge-

nauso enden wie er. Warum hab ich dich bloß auf die Welt gebracht?! Jetzt hab ich dich am Hals!“ Laut Akte wurde sie sogar im Jugendamt einmal extrem ausfällig. Hier steht noch geschrieben: „Robin ist einfach zu blöd für alles, genau wie sein bekloppter Vater! Robin kann nichts, nur dumm gucken, es ist ein Wunder, dass ich ihn noch nicht geschlagen habe! Manchmal würde ich ihn am liebsten aus dem Fenster werfen, dann hätte ich endlich meine Ruhe!“
Frau Evas lehnt sich zurück und gibt der fassungslosen Michaela Zeit, das eben Gehörte zu verdauen.
„Puh“, seufzt Michaela. „Das erklärt einiges. Ich bin tief getroffen, der arme Junge.“ Frau Evas: „Ich erkläre Ihnen das jetzt mal im Ganzen aus Robins Sicht:
Was soll ein Kind in einer so beängstigenden Situation tun? Oder besser, was kann es überhaupt tun? Es kann der Wut der Mutter nicht entkommen, also braucht es eine Art Taktik, um sich zu schützen. Robin verhält sich überlieb, versucht, der Mutter keine Angriffsfläche zu bieten. So hat er versucht, die Gefühle seiner unberechenbaren Mutter zu steuern, um sie besser kontrollieren zu können. Im Grunde hat Robin das sehr klug gemacht. Dieses unterwürfige Verhalten hat er gelernt und mit zu Ihnen in die Familie gebracht. Ihrem Mann gegenüber verhält er sich anders, denn er hatte nie eine männliche Bezugsperson und alles, wovor er Angst hatte, ging von seiner Mutter aus. Daher sein Verhalten gegenüber Ihnen als Pflegemutter. Er traut sich nicht anzuecken, frech oder wütend zu sein. Allein dadurch, dass Sie in der Mutterrolle sind, glaubt er, dass Sie gefährlich sind und ihn eigentlich hassen.“

Michaela schluckt. „Aber ich behandle ihn doch lieb, versuche alles, damit er sich wohlfühlt.“
„Er vertraut Ihnen nicht richtig. Jahrelang hat er gelernt, dass Liebsein, obwohl er eigentlich wütend ist, sein bester Schutz ist. Es braucht Zeit und Geduld, bis er dieses Verhalten ablegen kann.“
„Ich verstehe“, sagt Michaela. „Gibt es etwas, das ich tun kann? Wie kann ich ihm helfen?“
„Da er sich noch nicht traut, sich richtig zu öffnen, geht es erst mal darum, mit ihm darüber zu sprechen, wie es früher für ihn war. Dass Sie wissen, dass es für ihn dort bei Karolin gefährlich war und was für einen schlauen Trick er sich ausgedacht hatte, damit es nicht noch schlimmer wurde. Dass Sie ihm sagen, dass er sich nicht wie Ihr Diener benehmen soll, hilft ihm dagegen nicht. Ich würde vorschlagen, dass wir nun gemeinsam nach Situationen im Alltag suchen, in denen Sie Robin konkret dabei unterstützen können, sich nicht überangepasst zu verhalten.“
„Einverstanden“, sagt Michaela.
Als sie sich später verabschieden muss Frau Evas schmunzeln. „Es ist wirklich eher selten, dass Pflegeeltern zu mir kommen, weil ihr Pflegekind nicht wütend genug ist, wie bei Ihnen und Robin. Meistens ist es andersherum, es gibt zu oft zu viel Wut.“

Michaela hat aus dem Gespräch mit Frau Evas viel mitgenommen. Sie möchte, dass Robin sich traut, so zu reagieren, wie er

empfindet. Als er sich das nächste Mal ihr gegenüber so unterwürfig verhält, sagt sie: „Ich glaube, du denkst, dass du mich immer in gute Stimmung bringen und ganz lieb und brav sein musst, damit ich nicht ausraste und dich anbrülle."

Robin schweigt, aber sie sieht, wie es in ihm arbeitet.

Einige Zeit später hat Michaela eine Idee, wie sie eine Situation schaffen kann, um Robin zu helfen, Widerstand zu zeigen.
„Ich koche etwas, von dem ich weiß, dass er es überhaupt nicht mag", überlegt sie.

Als die ungeliebten Brokkoli schließlich auf dem Tisch stehen, sieht sie, wie Robin unruhig wird. Schlecht gelaunt starrt er auf seinen Teller. Dann schaut er sie direkt an, schiebt tatsächlich seinen Teller weg und sagt: „Ich mag das nicht."
„Ich auch nicht", erwidert Michaela und verzieht theatralisch den Mund. „Weißt du was, ich mache einfach etwas anderes. Hast du einen Wunsch?"
Robin grinst. „Pfannkuchen mit Äpfeln!"
„Gute Wahl. Komm, wir machen das zusammen. Dann wird das noch leckerer!"

Ronja und das Teilen

Als es läutet, nimmt Ronja ihre Pflegemutter Mara an die Hand und zieht sie hüpfend zur Wohnungstür. „Besuch! Besuch!“, ruft sie ausgelassen. „Charlotte kommt!“
Mara lacht. Auch sie freut sich, denn es ist das allererste Mal, das Ronja eine Verabredung mit einer Kita-Freundin hat.
Charlotte wird von ihrer Mutter gebracht und nachdem sie sich verabschiedet hat, machen sich die beiden Mädchen vergnügt auf in Ronjas Zimmer.

Als Mara selbst gebackene Kekse und leckeren kalten Früchtetee bringt, sind Charlotte und Ronja gerade dabei, Ronjas Puppenhaus aufzubauen.
„Wir spielen mit Puppen!“, erklärt Charlotte fröhlich und schnappt sich einen Keks.
„Na, dann wünsche ich euch mal viel Spaß dabei“, sagt Mara zufrieden und lässt die beiden allein.

Doch es dauert keine fünf Minuten, bis aus dem Kinderzimmer lautes Geschrei ertönt.
„Oh nein, was ist denn jetzt?“, denkt sie erschrocken und eilt zum Kinderzimmer. Umringt von ihren Puppen sitzt Ronja auf dem Boden und zieht kräftig an einem Ende einer Puppe, während Charlotte das andere Ende festhält und nicht loslässt.
„Charlotte will mir meine Puppe wegnehmen! Das will ich nicht!“, schreit Ronja.
„Aber mit der spiele ich doch gerade!“, schreit Charlotte zurück.
„Das sollst du aber nicht! Die gehört mir!“
„Ronja, wenn du mit Charlotte mit Puppen spielen möchtest, dann musst du ihr auch eine Puppe geben, sonst funktioniert das Spiel doch gar nicht“, versucht Mara ihr wütendes Pflegekind zu beruhigen.
„Genau!“, ruft Charlotte. Auch sie ist wütend. „Sonst kann ich doch gar nicht mitspielen!“
„Nein, das sind meine Puppen, die darf die nicht haben!“
„Wie wäre es, wenn ihr etwas anderes spielt?“, versucht Mara die Mädchen von den Puppen abzulenken. Doch sie merkt schnell, dass sich beide

in ihr Schneckenhaus zurückgezogen haben und aus dem schönen Spielenachmittag wohl nichts mehr wird. Enttäuscht ruft sie Charlottes Mutter an.
Ronja drückt sich an den Türrahmen ihres Zimmers und beobachtet, wie Charlotte von ihrer Mutter abgeholt wird, in der Hand eine kleine Dose mit Plätzchen, die sie von Mara zum Abschied geschenkt bekommen hat. Als die Tür ins Schloss fällt, dreht Mara sich um und sieht ihre Pflegetochter. Ronjas Gesicht ist verschlossen, doch Mara spürt, wie aufgewühlt ihr Kind gerade ist. Sie geht zu ihr und nimmt sie in den Arm.
„Ein Ortswechsel ist jetzt bestimmt das Beste", denkt sie. „Und Bewegung. Den Stress abbauen."
„Was hältst du davon, schwimmen zu gehen?", fragt sie schließlich. „Ich hätte große Lust, mit dir herumzuplanschen."
Diese Aussicht hellt Ronjas Gesicht ein wenig auf, denn sie planscht für ihr Leben gern.

„Na, wie ist es heute Nachmittag denn gelaufen?", fragt Friedmann seine Frau Mara nach einem langen Tag, als sie abends im Bett liegen.
Seine Frau seufzt. „Leider gar nicht gut. Es hat nicht funktioniert. Ronja konnte überhaupt nicht ertragen, dass Charlotte mit ihren Puppen spielt, geschweige denn sie auch nur in die Hand nimmt. Sie ist völlig ausgerastet. Es gab einen heftigen Streit und am Ende musste Charlotte abgeholt werden. Die Situation war nicht mehr zu retten. Ich bin dann mit Ronja schwimmen gegangen. Das hat sie wieder runtergebracht. Ich verstehe ihr Verhalten einfach nicht. Einerseits freut sie sich, Besuch zu bekommen, andererseits lässt sie Charlotte dann nicht mitspielen. Dabei ist Charlotte so ein nettes Mädchen. Wie soll Ronja denn so jemals Freunde finden?"
„Doch, sie kann manchmal teilen, nur eben nicht ihre Spielsachen", antwortet Friedmann.
„Das hat auch einen guten Grund. Wir wissen doch, dass Ronja überhaupt kein eigenes Spielzeug bei ihren leiblichen Eltern hatte. Nichts, was ihr ganz allein gehörte. Ihren Eltern war das total egal, ihr Spielzeug war damals der Müll auf dem Boden. Hier ist das anders. Es ist wichtig für Kinder, überhaupt etwas zu haben, das ihnen allein gehört. Ich erinnere mich an meine Kindheit. Bei uns war das früher auch nicht so möglich. Meine Eltern haben sich sehr gut um mich gekümmert, waren liebevoll, aber es war einfach nicht genug Geld da, um jedem von uns Kindern etwas Eigenes zu kaufen. Wir mussten immer alles miteinander teilen. Ich weiß noch, wie extrem wichtig mein erster von meinem eigenen Geld gekaufter Fußball für mich war. Ich hatte große Angst, dass ich ihn verlieren oder dass er kaputtgehen könnte. Ihn mit jemandem zu teilen konnte ich mir schon gar nicht vorstellen, auch nicht mit meinen Geschwistern. Ich habe ihn vor anderen versteckt, sogar weggeschlossen. Ich glaube, so fühlt sich das für Ronja auch an. Etwas Eigenes zu haben ist für sie komplett neu,

da es ihren Eltern egal war, wie es ihr ging und was sie hatte. Es sind für sie jetzt ganz neue Erfahrungen, selbst etwas zu besitzen und zu wissen, dass es ihr bleibt."
„Hm ..., du hast recht. Das erklärt ihr Verhalten ... hm ... Wegschließen könnte eine Idee sein," sagt Mara nachdenklich.

Eine Gelegenheit, das auszuprobieren, ergibt sich bereits vier Tage später: Mara und Ronja sind gerade im Wohnzimmer, als Maras Handy brummt.
Charlottes Mutter ruft an und erzählt ihr, dass Charlotte sich gerne wieder mit Ronja zum Spielen verabreden würde. In der Kita sind die beiden trotz der missglückten Verabredung oft zusammen. Mara freut sich und so machen die beiden Mütter kurz entschlossen ein spontanes Treffen für den Nachmittag aus.
„Weißt du was? Charlotte möchte sich gerne heute mit dir verabreden!" „Sie kann schon um 15 Uhr kommen. Ist das nicht schön?", sagt sie lächelnd zu Ronja, nachdem sie aufgelegt hat.
„Ja!", ruft Ronja. „Aber wir spielen nicht mit meinen Puppen!", fügt sie nach einer kleinen Pause hinzu.
„Ich verstehe, wie wichtig dir deine Puppen sind. Es ist neu für dich, eigene Spielsachen zu besitzen und du hast viele gute Gründe, so gut auf sie aufzupassen, aber weißt du, es bleiben ja deine Puppen, auch wenn ein anderes Kind mit ihnen spielt. Denn nur wenn du anderen erlaubst, sie anzufassen, könnt ihr zusammen Spaß mit ihnen haben."
„Ich will das aber nicht!", sagt Ronja.
„Hm, ich habe da eine Idee! Hol du doch mal bitte alle deine Puppen aus deinem Zimmer und ich hole etwas aus meinem Zimmer und dann treffen wir uns wieder hier."
„Was holst du denn?", fragt Ronja.
„Wirst du gleich sehen", antwortet Mara. „Los gehts!"

Kurze Zeit später steht Ronja mit einem Arm voller Puppen wieder im Wohnzimmer. Sorgfältig legt sie sie auf den Teppich.
„Die sind wirklich alle wunderschön", sagt Mara. „Welche beiden sind denn deine Lieblingspuppen? Welche sind ganz besonders wichtig für dich?", fragt sie Ronja.
„Die da! Lula und Anni! Die darf kein anderer haben!", sagt Ronja und zeigt auf die beiden Puppen.
„Verstehe. Dann schau mal, was ich hier habe." Sie stellt eine schöne Holzkiste auf den Tisch. „Das ist eine ‚Sehr-wichtige-Dinge-Kiste'. Wir nehmen jetzt deine beiden Lieblingspuppen, tun sie hinein, schließen die Kiste mit diesem Schlüssel ab und verstecken sie dann in unserem Schlafzimmer. Da sind sie sicher. Dann können du und Charlotte mit den anderen Puppen spielen."
Ronja beäugt die Kiste und sagt dann schließlich: „Okay, wir schließen sie da drin ein. Da kann ihnen nichts passieren. Den Schlüssel tue ich in meine Zahnfee-Dose."
„Gute Idee, da ist er auf jeden Fall sicher!", sagt Mara lächelnd.

Nachdem Ronja die Kiste bei den Pflegeeltern unter das Bett geschoben hat, bringt sie die anderen Puppen wieder zurück in ihr Zimmer. Mara folgt ihr und sieht zu, wie Ronja die Puppen sorgfältig nebeneinandersetzt.
„Und weißt du, sollte tatsächlich aus Versehen irgendetwas kaputt gehen, werden wir das auf jeden Fall wieder reparieren. Versprochen!", sagt sie.

Als es klingelt, ist Ronja als Erste an der Tür. Fröhlich begrüßt sie ihre Freundin und kurz darauf verschwinden beide im Kinderzimmer.
Mara setzt sich zu ihnen. „Mit welcher Puppe möchtest du denn gerne spielen, Charlotte?"
„Hm", Charlotte schaut sich die Puppen an. „Mit der da", sagt sie und deutet auf eine kleine Puppe mit einer wuscheligen Frisur.
„Ronja, gibst du Charlotte bitte die Puppe?"
Ronja zögert erst, nimmt dann die Puppe und gibt sie Charlotte. „Das ist Fiona", sagt sie. „Sie ist klein, deshalb musst du bitte ganz vorsichtig mit ihr sein."
„Hallo Fiona, ich bin Charlotte, schön dich kennenzulernen", sagt Charlotte. „Und wer bist du?", fragt sie und deutet auf die Puppe, die Ronja in der Hand hält.

„Ich bin Paula“, antwortet Ronja, „und wir lernen uns wohl gerade kennen.“

Mara lächelt und sieht noch eine Weile zu, wie sich ganz langsam das erste gemeinsame Puppenspiel zwischen den beiden entwickelt. Erleichtert und mit einem guten Gefühl lässt Mara die beiden allein.

Und als es klingelt und Charlottes Mutter vor der Tür steht, wundern sich alle, wie schnell die Zeit verflogen ist.

Leon und seine Angst, nicht bleiben zu dürfen

„Leon ... Frühstück! Los gehts!", ruft Petra zum dritten Mal die Treppe hinauf.
Es ist Montagmorgen und wie die meisten Zwölfjährigen findet es Leon auch deutlich wichtiger, so lange im Bett zu bleiben, wie es nur irgendwie geht, als zu frühstücken. Doch wie die meisten Mütter findet Petra, dass ein gemeinsames Frühstück vor der Schule der einzig wahre Start in den Tag ist.

Lächelnd betrachtet sie ihren Pflegesohn, als der sich kurze Zeit später endlich mit einem leicht vorwurfsvollen Schnaufer auf seinen Stuhl plumpsen lässt. Immerhin hellt sich seine Miene beim Anblick des geliebten Toasts mit Erdbeermarmelade auf.

Seit nunmehr sieben Jahren lebt Leon bei ihnen. Es war nicht immer leicht. Leons Distanzlosigkeit anderen Menschen gegenüber war ein Ergebnis seines einsamen, traurigen Lebens bei seinen leiblichen Eltern, die sich nicht um ihn gekümmert haben. Das Gefühl von Sicherheit und Geborgenheit lernte er erst bei seinen Pflegeeltern kennen.
Nach und nach fasste Leon Vertrauen. Weil er die Erfahrung machte, dass er sich auf seine Pflegeeltern verlassen konnte, konnte er sich endlich entspannen.
Mittlerweile sind sie eine ganz normale kleine Familie.

„Kann ich heute nach dem Training noch mit zu Paul?", fragt Leon und nimmt einen Schluck Orangensaft.
„Klar, warum nicht?", antwortet Petra. „Nur nächsten Mittwoch kannst du nicht. Das wollte ich dir noch erzählen. Da kommt dich Sabrina Wissler besuchen. Sie ist deine Verfahrensbeiständin beim Familiengericht und möchte dich gerne kennenlernen."
„Verfahrens... was?" Leon schaut Petra irritiert an.
„Hört sich kompliziert an, ich weiß. Verfahrensbeiständin bedeutet nur, dass sie deine Anwältin ist und dich bei Gericht vertritt. Weiß du, deine leibliche Mutter hat einen Antrag gestellt, sie möchte dich treffen. Daher möchte Frau Wissler mit dir zusammen überlegen, ob du das auch möchtest und ob das gut für dich ist."
„Gericht? Was soll das heißen? Muss ich ins Gefängnis?"
„Um Himmels willen, nein! So ein Gericht ist das nicht! Es geht nur darum, ob deine leibliche Mutter dich treffen kann. Es geht um dich."

Leon fühlt sich auf einmal komisch, seine Welt wackelt. Er beendet sein Frühstück, ohne wirklich etwas zu schmecken. Petra dagegen scheint die Wirkung ihrer Worte nicht zu bemerken.

In der Schule fühlt er sich wie benebelt und nimmt seine Freunde kaum wahr. Es fällt ihm schwer, sich im Unterricht zu konzentrieren.

Eine bedrohliche Frage nach der anderen schleicht sich in seinen Kopf, während sich in seinem Bauch ein sehr unangenehmes Gefühl breitmacht.

Seine leibliche Mutter ist eine Erinnerung. Keine gute. Was will sie bloß von ihm? Warum jetzt? Warum soll er zum Gericht? Wozu braucht er diese Anwältin?

Kann es sein, dass er nicht mehr zu Hause wohnen darf, dass er zurück zu seiner leiblichen Mutter muss? Diese letzte Frage ist die bedrohlichste, die er sich nicht traut, seiner Pflegemutter zu stellen. Denn ganz tief in sich drin befürchtet er, dass ihre Antwort auch „Ja“ sein könnte.

In den nächsten Tagen bemerkt Petra, dass Leon sich verändert. Seine Lebhaftigkeit und Neugierde sind Unsicherheit und einer seltsamen Ruhe gewichen. Er wirkt in sich gekehrt und verabredet sich kaum noch. Stattdessen sucht er ständig ihre Nähe und wirkt unruhig, wenn sie das Haus verlässt. „Wo gehst du hin? Wann kommst du wieder?“, sind Fragen, die er ihr sonst nie stellt. Petra ist besorgt und weiß nicht, was ihn augenscheinlich so ängstigt. Dann kommt schließlich die Frage, die alles erklärt: „Kommst du auch wieder?“

Plötzlich erkennt Petra, was Leon so bedrückt. Er hat Angst, dass seine leibliche Mutter ihn nicht nur besuchen, sondern ihn ganz zurückhaben möchte. Dass sie wieder über sein Leben bestimmen kann und ihn aus seiner Familie reißt. Aus seiner Sicherheit. Wieder einmal fühlt er sich hilflos und fremdbestimmt. So wie früher.

Petra erinnert sich an die Anfangszeit mit ihrem Pflegesohn. Daran, wie er einfach mit jedem Erwachsenen mitgehen wollte, weil er dem Schutz seiner Pflegefamilie noch nicht traute. Gemeinsam haben sie es geschafft, Vertrauen aufzubauen und selbstverständlich werden zu lassen. Nun wird aus seiner Sicht alles wieder infrage gestellt.

Wie schon vor vielen Jahren gilt es nun, ihm die Angst zu nehmen und Sicherheit zu geben. Ganz bewusst sucht sie seine Nähe, nimmt sich Zeit für ihn und sagt ihm, wann sie wiederkommt, wenn sie mal weggeht. Nach und nach entspannt sich Leon.

Eines Abends, als sie nach dem Essen noch etwas auf dem Sofa zusammensitzen, sagt Petra: „Weißt du eigentlich, wie sehr ich mich freue, dass du bei uns bist? Ich könnte mir gar nicht vorstellen, das sich daran etwas ändern würde!“

Leon schaut sie an und erwidert leise: „Ich möchte hier auch nicht weg.“
Petra legt ihren Arm um ihn. „Das wirst du auch nicht. Du wirst so lange bei uns bleiben, bis du alt genug bist. Darauf passen wir alle zusammen auf. Du bist Teil unserer Familie und bleibst das auch. Es tut mir so leid, dass der Wunsch deiner leiblichen Mutter, dich zu treffen, dir solche Angst gemacht hat. Dass du sogar dachtest, nicht bei uns bleiben zu dürfen, und ich habe es erst gar nicht gemerkt. Das tut mir wirklich sehr leid. Komm, lass uns das jetzt abhaken.“

Maya und das Verlieren von Gedanken

Fröhliches Lachen und Rufen erfüllt die warme Sommerluft. Doch das Läuten zum Ende der Pause schafft es wie immer, sich gegen das Gewirr der Kinderstimmen durchzusetzen und die Spiele der Kinder zu beenden. Alle machen sich auf den Weg in ihre Klassen. Alle bis auf Maya, sie läuft in Richtung Spielplatz.

Dass die anderen Kinder in das Schulgebäude gehen, scheint sie gar nicht wahrzunehmen. Auch dass ihr Lehrer Herr Sommer hinter ihr herruft: „Maya! Komm jetzt!“, hält Maya nicht davon ab, weiterzulaufen. Sie reagiert gar nicht. Herr Sommer ist genervt und denkt: „Ich habe wirklich keine Zeit für solche Spielchen.“ Er läuft ihr hinterher. „Maya, was soll das denn? Jetzt komm endlich! Die Pause ist zu Ende, du hast doch die Glocke gehört! Warum gehst du nicht in die Klasse wie die anderen Kinder?“
Maya antwortet immer noch nicht und läuft vor ihm weg. Sie scheint verwirrt zu sein.
„Jetzt reicht es aber! So geht das nicht, die anderen Kinder warten! Du kommst jetzt mit!“, sagt Herr Sommer bestimmt, kommt ihr immer näher und fasst sie an ihre Schulter.
Sofort beginnt Maya, laut zu kreischen. Wütend schlägt sie um sich.
Erschrocken und entsetzt weicht Herr Sommer zurück. Doch Maya lässt nicht nach, spuckt sogar in Richtung ihres Lehrers. Entrüstet mit dem Kopf schüttelnd entfernt er sich. „So das wars jetzt. Das reicht! Ich rufe deine Mutter an, die soll dich sofort abholen.“

Als ihre Pflegemutter Hannah kurze Zeit später eintrifft, sitzt Maya auf der Schaukel. Aufgelöst wirft sie sich in ihre Arme.
„Ganz ruhig mein Schatz, alles wird gut. Herr Sommer hat dich nicht verstanden und deshalb nicht richtig reagiert. Ich werde mit ihm sprechen und dann finden wir ganz bestimmt eine Lösung. Komm, jetzt machen wir uns erst mal ein schönes Wochenende.“
Etwas beruhigter, aber immer noch verstört, geht Maya an der Hand ihrer Pflegemutter mit.

Am Abend sitzen Mayas Pflegemütter Hannah und Marie zusammen. Das, was in der Schule geschehen ist, hat sie beide sehr mitgenommen.

„Wir sollten mit Herrn Sommer sprechen, ihm genauer erklären, was mit Maya los ist“, sagt Marie. Hannah nickt zustimmend.
„Ja, das sollten wir, aber vielleicht hilft es, Frau Müller vom Jugendamt und Herrn Beckhoff als Berater mit ins Boot zu holen. Ich glaube, je besser die Schule und vor allem Herr Sommer über Mayas Geschichte Bescheid wissen, umso besser kann auf sie eingegangen werden. Was meinst du?“
„Du hast recht. Kannst du dich gleich morgen mit allen in Verbindung setzen und versuchen, so schnell wie möglich einen gemeinsamen Termin zu vereinbaren? Wir kriegen das schon hin!“, sagt Marie und drückt Hannahs Hand.
Zu ihrer großen Erleichterung findet sich tatsächlich schnell ein Termin und so sitzt Hannah zwei Tage später mit Herrn Sommer, Frau Müller und Herrn Beckhoff in der Schule zusammen, um über Maya zu sprechen.
„Ich weiß, dass Maya ein Pflegekind ist, aber für mich als Lehrer geht ihr Verhalten so nicht. Es sind viele Kinder in der Klasse, alle brauchen meine Aufmerksamkeit, nicht nur Maya. Die Klasse leidet unter der Situation. Maya muss lernen, ein Stück weit zu funktionieren, das ist in der Grundschule sehr wichtig. Das heißt nicht, dass ich keine Rücksicht nehme, aber Maya kann nicht einfach machen, was sie will. Benimmt sie sich bei Ihnen zu Hause eigentlich auch so?“, fragt Herr Sommer Hannah.
„Natürlich gibt es Situationen, die auf den ersten Blick seltsam erscheinen. Doch Maya hat gute Gründe für ihr Verhalten. Um das zu erklären, sind wir hier, und Maya ist sogar damit einverstanden“, antwortet Hannah.
„Genau. Dafür ist es wichtig, etwas über Mayas Hintergrund zu erfahren“, schaltet sich Frau Müller ein. „Mayas leibliche Mutter hat ihrem Kind einen schlimmen Start ins Leben bereitet. Sie hat während ihrer Schwangerschaft sowohl Alkohol getrunken, als auch Drogen konsumiert. Als Suchtkranke war sie komplett überfordert und ständig gestresst. Sie war so mit sich beschäftigt, dass ihr Kind einfach nur störte. Maya wurde von ihr geschlagen.“
Herr Beckhoff nickt berührt.
„So etwas bleibt natürlich nicht ohne Folgen. Kinder, die bereits im Bauch der Mutter durch Alkohol geschädigt werden, haben zum Beispiel Probleme sich Dinge zu merken, sie zu erinnern. Das nennt man FASD[1]. Das kann vom Zähneputzen bis hin zum – für andere Kinder selbstverständlichen – Verknüpfen des Sig-

1 Fetale Alkoholspektrumstörung

nals einer Pausenglocke mit der damit verbundenen Rückkehr in das Klassenzimmer führen. Das bedeutet, Mayas Verhalten hat nichts damit zu tun, dass sie nicht will. Sie kann es einfach nicht. Das ist ganz wichtig. Sie macht das nicht, um Sie zu ärgern. Sie vergisst einfach, was die Pausenglocke bedeutet."

Herr Sommer ist überrascht und betroffen. „Das tut mir sehr leid für Maya. Das war mir so nicht klar", sagt er.

„Auch das Spucken gegen Sie war eine reine Schutzhandlung, denn durch Ihr Anfassen fühlte sie sich bedroht. Es kann eine Berührung reichen, um sie an die Misshandlungen zu erinnern, die sie früher ertragen musste. Das war nicht gegen Sie persönlich, im Gegenteil, sie mag Sie und geht gerne zur Schule", ergänzt Hannah.

„Bleibt die Frage, wie wir Maya helfen können, damit sie weiter gern zur Schule gehen kann. Ich würde vorschlagen, dass Maya eine Schulbegleiterin als Hilfe bekommt. Sie kann Maya bei manchen Dingen helfen, zum Beispiel beim Erkennen der Pausenglocke oder bei Stress durch Überforderung im Unterricht. Was meinen Sie?", fragt Frau Müller und schaut in die Runde.

Sowohl Herr Sommer, als auch Hannah und Herr Beckhoff sind mit dieser Lösung sehr einverstanden. Alle sind zufrieden und erleichtert, dass es eine Möglichkeit gibt, Maya in der Schule zu helfen.

Und tatsächlich – Maya hat sich schnell an Alina, ihre Schulbegleiterin, gewöhnt.

Wenn Maya nicht gerade mit den anderen Kindern spielt, ist Alina auch in den Pausen für sie da. Und auch wenn Maya mal wieder versunken draußen im Pausenhof spielt und die Pausenglocke überhört, sitzt Alina bei ihr.

„Weißt du noch, was das Gebimmel bedeutet, Maya?", fragt Alina lächelnd. Maya schaut sie nachdenklich an.

„Nicht wirklich ..., ich glaube, ich soll jetzt irgendwas machen?"

„Ganz genau! Die Glocke sagt: Achtung, Achtung! Die Pause ist vorbei! Alle Kinder bitte zurück in ihre Klassen!" Alina steht auf und reicht Maya ihre Hand.

„Und genau das machen wir jetzt. Komm, auf gehts. Wir üben das und ich bin mir sicher, bald kriegst du das allein hin. Aber bis dahin bin ich da und helfe dir."

Maya nimmt die ausgestreckte Hand und gemeinsam gehen sie zurück in die Klasse.

Jeremy und die Angst vor offenen Türen

„Jeremy, Schlafenszeit! Dein Bett wartet schon sehnsüchtig auf dich."
Kiano stupst die angelehnte Tür zu Jeremys Zimmer auf. Doch statt eines spielenden Jungen schaut ihm vom Teppich nur ein einsamer halb aufgebauter Lego-Roboter entgegen.
„Er ist wieder an der Haustür", flüstert Tobias und winkt seinen Mann Kiano zu sich. Kiano seufzt und tritt zu ihm.
„Schon wieder? Das kann doch nicht wahr sein."
„Doch. Er hat auch schon wieder Fenster für Fenster geprüft und jetzt ist die Wohnungstür an der Reihe."
Jeremy, ihr Pflegesohn, rüttelt an der Tür und prüft, ob sie auch richtig abgeschlossen ist. Dabei ist er so vertieft, dass er die beiden Pflegeväter nicht mal bemerkt.
„Ich verstehe das nicht", sagt Kiano. „Was können wir denn noch tun, außer ihn zu beruhigen und ihm zu versichern, dass er keine Angst zu haben braucht und dass er hier sicher ist?"
Tobias zuckt hilflos die Schultern.
„Ich habe das Gefühl, er hört zwar, was wir sagen, aber es dringt gar nicht zu ihm durch. Als würden unsere Worte einfach an ihm abprallen."
„So kann das jedenfalls nicht weitergehen. Es darf nicht sein, dass er jeden Abend Angst hat."
Tobias nickt. „Morgen setzte ich mich mit dem Jugendamt in Verbindung. Vielleicht haben die ja eine Idee."

Am nächsten Tag, als Tobias von der Arbeit nach Hause kommt, fragt Kiano ihn, was er beim Jugendamt erfahren hat.
„Die waren sehr freundlich und hilfsbereit und rieten, zu dieser Veranstaltung zu gehen." Tobias zeigt Kiano eine E-Mail auf seinem Handy.

„Ein Abend für Pflegeeltern von Klaus-Jürgen Erdner", liest Kiano vor. „Der Alltag mit traumatisierten Pflegekindern." Tobias nickt. „Das ist morgen, da gehen wir auf jeden Fall hin."
Die beiden Pflegeväter lächeln sich hoffnungsvoll an.

Außer ihnen besuchen noch drei weitere Pflegeeltern die Veranstaltung. Jeder und jede von ihnen braucht Unterstützung und hat Fragen. Tobias und Kiano schildern Herrn Erdner Jeremys abendliches trauriges Ritual und ihre eigene Hilflosigkeit.
„Was können wir tun, damit Jeremy nicht jeden Abend das Bedürfnis hat, alles abschließen zu müssen?"
„Dazu muss ich wissen, was Jeremy früher erlebt hat", antwortet Herr Erdner. Tobias holt tief Luft.
„Jeremy hat sehr gelitten. Sein Vater war Alkoholiker und aggressiv. Oft kam er nachts betrunken nach Hause und hat randaliert. Als wäre das nicht schon schlimm genug, hat er sowohl Jeremy als auch seine Mutter verprügelt. Jeremys Zuhause war kein sicherer Ort, seine Mutter hilflos, traurig und gefangen in ihrem eigenen Leid. Er muss große Angst gehabt haben."

Herr Erdner nickt ernst. „Alles, was Sie gesagt haben, zeigt, dass Jeremy richtig gute Gründe für sein Verhalten hat. Er wurde nicht beschützt, nicht einmal von seiner Mutter, und das Verriegeln der Tür ist das Einzige, was er tun kann, um sich selbst zu schützen. Es ist wichtig, ihn zu beruhigen, aber Worte allein werden das Problem nicht lösen. Ich rate Ihnen, Jeremy mit einzubeziehen. Fragen Sie ihn, was denn bei unverschlossener Tür passieren könnte, damit Sie seine Angst besser verstehen können. Rollenspiele sind für Pflegefamilien auch eine gute Möglichkeit, Kindern, die Schlimmes erlebt haben, spielerisch dabei zu helfen, ihre Ängste zu bewältigen."

„Das ist ein guter Vorschlag, vielen Dank", sagt Kiano und Tobias nickt zustimmend. „Wir versuchen das. Vielleicht können wir ihn im Spiel besser erreichen."

An diesem Abend reagieren Tobias und Kiano auf Jeremys Kontrollgang durch die Wohnung nicht wie sonst mit beruhigenden Worten, sondern überraschen ihn.
„Sag mal Jeremy, was könnte denn passieren, wenn die Tür nicht abgeschlossen wäre?", fragt Tobias sanft.

Sehr erstaunt und irritiert hält Jeremy inne und schaut ihn verwundert an. Nach kurzem Nachdenken antwortet er:
„Da könnte ein böser Einbrecher kommen!"
„Und was könnte der Einbrecher tun?"
„Der könnte uns zusammenschlagen und mich klauen!"
„Puh, das wäre wirklich furchtbar!" Jeremy nickt ernst. „Ja, das ist gefährlich."
Dann schaut er seine beiden Pflegeväter an und fragt: „Was würdet ihr denn machen, wenn ein Einbrecher kommt?"
„Also ganz klar, ich würde ihn anschreien und mit ihm kämpfen!", antwortet Kiano.
„Und ich würde sofort die Polizei rufen!", ergänzt Tobias.
Über Jeremys Gesicht huscht ein kleines Lächeln. Das klingt nach einem Plan.
„Wie wäre es, wenn wir das mal spielen? Aber nicht jetzt, denn jetzt ist Zeit fürs Bett", sagt Tobias. Jeremy nickt eifrig. „Morgen?"
„Morgen ist super, das machen wir", sagt Tobias lächelnd und bringt Jeremy ins Bett.

Am nächsten Nachmittag ist es soweit. Jeremy hat ganz genaue Vorstellungen: Der Esstisch verwandelt sich mithilfe von Decken in eine dunkle Höhle. Kiano soll sich darin verstecken und Tobias soll zuschauen und leise sein. Tobias und Kiano tun, was er möchte.

„Kiano, du wärst jetzt das Kind und ich wäre der Einbrecher! Jetzt würdest du komische Geräusche hören und dass da jemand kommt", sagt Jeremy.
„OK, alles klar", tönt es dumpf aus der Höhle.

Plötzlich schreit Jeremy laut auf und schlägt mit seinem Spielzeugschwert gegen die Höhle.
„Hilfe! Da kriegt man wirklich Angst!", ruft Kiano,
„Halt die Fresse! Dein Problem! Und denk dran, es hört nie auf!"
Wieder und wieder saust das Schwert auf die Decken, Jeremy kann gar nicht genug davon bekommen.
„Na, jetzt hast du aber ganz schön Angst was?", schreit er.
„Stopp! Ich glaube, eine Spielpause würde jetzt guttun", ruft Kiano und krabbelt aus der Höhle. Tobias und er wechseln einen bedrückten Blick.
„Wie wäre es mit einem Pausenapfel?", fragt Tobias.

Nachdem sich alle mit ein paar Apfelspalten gestärkt haben, schlägt Jeremy vor, dass er jetzt mal das Kind wäre, aber das Kiano sich mit ihm zusammen verstecken soll. „Und Tobias wäre jetzt mal der Böse."

Kiano spürt in seinem Versteck, wie sich dicht neben ihm Jeremys Atmung beschleunigt, als Tobias sich der Höhle nähert.

„Hörst du auch die komischen Geräusche? Hast du auch Angst?", flüstert Jeremy.

Als Tobias beginnt, mit dem Schwert auf die Höhle einzuschlagen, legt Kiano Jeremy den Arm um die Schultern. Sie hören Tobias vor dem Höhleneingang.
„Nicht erschrecken!", sagt der und schlägt die Decke hoch.
Ein Lichtstrahl fällt in die Höhle.
„Na, wie geht es euch?", fragt Tobias. Jeremy schaut Kiano an.
„Ganz gut", sagen beide gleichzeitig.
„Wir können das ja bald noch einmal spielen", sagt Kiano, „aber dann spiele ich mal den Bösen und du kämpfst gegen mich und besiegst mich, okay?"
„Au ja, das machen wir, aber dann brauchen wir zwei Schwerter!", ruft Jeremy.
„Das kriegen wir bestimmt hin", antwortet Kiano und lächelt Tobias zu.
„Puh, jetzt verstehe ich besser, wie du dich fühlst", sagt Tobias an Jeremy gewandt. „Ich habe eine Idee! Wie wäre es, wenn du eine Glocke an dein Bett bekommst? Und immer, wenn es dir nicht gut geht und du Angst bekommst, läutest du laut und Kiano oder ich kommen dann ganz schnell, um dir zu helfen!"

Jeremy nickt und Kiano und Tobias spüren, wie die Anspannung langsam aus seinem Körper weicht.

Daja und ihr Bruder Bastian

Nach dem Mittagessen sitzt Johanna mit ihrem Sohn Bastian und ihrer Pflegetochter Daja noch gemeinsam am Tisch.
Der vierzehnjährige Bastian schaut in seinen Laptop, während seine kleine Pflegeschwester ihr Spielzeugauto über den Tisch flitzen lässt.
Ihr Spiel wird immer wilder und lauter.

„Daja, nicht so laut und nicht so wild!", sagt Johanna energisch. Doch statt zu tun, was ihre Pflegemutter möchte, macht Daja das genaue Gegenteil. Sie schmeißt das Auto auf den Tisch, reißt an der Tischdecke, sodass Bastians Saftglas umfällt. Nur seiner schnellen Reaktion verdankt er es, dass sein Laptop nicht ruiniert wird. Daja bemerkt das alles nicht. Sie ist außer sich: „Du sollst tot sein", schreit sie, während sie auf Johanna einschlägt.
„Alles gut Daja, pscht, alles gut ...", versucht Johanna zu beruhigen. Sie hält die um sich schlagende Daja fest und spricht weiter ruhig auf sie ein. Sie kennt solche Situationen. Allein durch Johannas bestimmenden Ton fühlte ihre Pflegetochter sich vorhin zurückversetzt in die Zeit, als sie bei ihren drogenabhängigen Eltern in einer vermüllten Wohnung lebte. Bei Eltern, die sie anschrieen und ihr ständig das Gefühl gaben, völlig unerwünscht zu sein.

„Du brauchst keine Angst zu haben, Daja. Ich weiß, dass du gerade glaubst, dass ich eine böse Frau bin, die dich hasst", sagt Johanna.
Ihr Blick wandert über die zappelnde Daja hinweg zu ihrem Sohn, der mit versteinerter Miene vor sich hinstarrt. Er presst die Lippen zusammen, nimmt seinen Laptop und will nur noch weg. Als er an der Tür ist, fragt Johanna: „Du Bastian, hast du nachher Zeit und Lust auf einen Spaziergang mit mir und Yoshi?"
„Meinetwegen", antwortet er knapp, ohne seine Mutter anzusehen. Dann knallt die Tür.

Johanna weiß, dass die Situation für Bastian nicht einfach ist. Bei einem Gang mit ihrem Hund können sie in Ruhe miteinander sprechen.
Still gehen sie nebeneinander her. Bis Johanna das Schweigen bricht.
„Das war ja gerade mal wieder ganz schön heftig“, sagt sie. Bastian schaut sie wütend an.
„Heftig? Stimmt! Aber Daja hat ja soo gute Gründe für ihre Ausraster! Nicht wahr Mama?“, bricht es aus ihm heraus. „Schließlich erlebt sie dich dann ja wie die böse Frau von früher, ihre verrückte Mutter! Ich kann dieses Gelaber nicht mehr hören! Bla bla bla! Ja, bla sie ist traumatisiert, ja, bla ich hatte es immer besser, schließlich bin ich nicht traumatisiert! Weiß ich alles, habe ich oft genug gehört! Ich habe die Nase voll von „Guten Gründen“, Pflegekinderbüchern und eurem Verständnis für alles!“, sagt Bastian.

„Ich verstehe deine Wut, kann deinen Ärger auch nachvollziehen, aber ...“
„Aber was?“, ruft Bastian. „Seitdem Daja bei uns lebt, ist alles anders, ihr seid anders. Papa und du, ihr seid platt, das kriege ich doch mit! Mit Daja ist der Wahnsinn bei uns eingezogen! Ich will, dass alles so wird, wie es mal war, ich will, dass Daja weg ist – und ganz ehrlich? Das habe ich ihr auch schon gesagt, als ich richtig wütend war.“
Johanna sieht ihren Sohn betroffen an. „Puuuh, so weit bist du schon! Ich bin froh, dass du so ehrlich bist. Ich kann deine Sichtweise gut verstehen. Für deinen Vater und mich ist es allerdings anders. Wir sind Dajas neue Eltern. Ja, es ist megaanstrengend und du hast recht, wir sind oft erschöpft, aber wir werden Daja weder aufgeben noch abgeben. Wir wünschen uns wirklich sehr, dass du nicht so unter der Situation leidest wie im Moment. Wir möchten, dass es unseren beiden Kindern gut geht, dass Daja es schafft. Sie kann wirklich nichts dafür, schließlich hat sie wirklich Furchtbares erlebt.“

Bastian lacht kurz auf. „Das wäre toll, wenn sie es schaffen würde, aber ich habe eher Angst, dass es immer schlimmer wird mit ihr.

Vielleicht dreht sie irgendwann komplett durch, macht schreckliche Sachen und endet dann wie ihre leiblichen Eltern. Glaubst du wirklich, dass sie es schaffen kann, normal zu werden?“
„Gerade klingst du wie ein besorgter großer Bruder“, sagt Johanna.
„Vergiss es! Kannst du dir vorstellen, wie es für mich ist, wenn meine Freunde zu Besuch kommen und Daja ausrastet und rumschreit: ‚Ihr sollt alle tot sein!‘? Die können es gar nicht glauben, sind total entsetzt und fragen mich, warum meine Eltern nichts dagegen tun. Was soll ich denn dann sagen?“
Johanna seufzt. „Wie wäre es, wenn ich mal mit ihnen spreche und ihnen alles erkläre?“
„Bloß nicht! Hinterher kommst du noch auf die Idee, uns mitzuschleppen zu euren tollen Seminaren für Pflegeeltern, nein dan-

ke!" „Soweit muss es ja nicht kommen", sagt Johanna mit einem leichten Schmunzeln. „Hast du eine andere Idee?"
Bastian schüttelt den Kopf.
„Gibt es etwas, das dir helfen könnte in unserer Familie?", fragt Johanna.

„Nichts. Was soll helfen? Ist jetzt so und bleibt ja auch so – wir leben einfach weiter mit dem Wahnsinn", sagt Bastian leicht resigniert. „Aber es hat gutgetan, dass wir mal drüber gesprochen haben."

„Finde ich auch. Und Bastian, es soll ja nicht so bleiben. Wir hoffen, dass Daja noch mehr Vertrauen aufbaut und dadurch ihre Aggressivität und das Sich-angegriffen-Fühlen weniger wird. Sie hat bereits echte Fortschritte gemacht. Sie ist auf einem guten Weg. Du wirst sehen, dann wird auch für dich alles besser. Ich weiß, du kannst den Begriff ‚Gute Gründe' nicht mehr hören, aber sowohl du als auch Daja habt wirklich gute Gründe für euer Verhalten."

Später am Nachmittag sitzen die Pflegeeltern Dennis und Johanna mit Daja gemütlich in der Küche zusammen, als Bastian den Kopf durch die Tür steckt.

„Ich treffe mich noch mit Freunden. Bis später."

„Warte mal kurz", ruft Dennis. „Ich habe drei Tickets für das Preußenspiel am Wochenende. Hast du Zeit? Kannst auch noch einen Kumpel mitnehmen."

„Super! Gerne!" Er hält kurz inne. „Und was ist mit Mama und Daja?"

„Die machen auch etwas Schönes zusammen."

„Genau", sagt Johanna und lächelt ihren Sohn an.

Piet und sein Zuhause

Weihnachten steht vor der Tür. Der Duft von frisch gebackenen Plätzchen erfüllt das Haus.
Piet hüpft vor Aufregung im Wohnzimmer herum.
Seine Pflegemutter Sabrina ist gerade dabei, den Baum zu schmücken. Das macht sie immer am Heiligmittag.
„Hey du Flummi, hast du Lust mitzumachen? Ich könnte ein wenig Hilfe gebrauchen", ruft sie lachend. „Ich bin unentschlossen. Was meinst du – hier hin oder doch besser an den Zweig?" Sie reicht Piet eine besonders schöne Christbaumkugel. Er schaut die Kugel an und über sein leuchtendes Gesicht huscht ein kleiner Schatten.
„Hier hin", sagt er und hängt die Kugel neben einen Strohstern. Sabrina lächelt. „Das ist auch ein sehr guter Platz! Schön!"

Nach einer Weile ist der Baum geschmückt und strahlt in seiner ganzen Pracht. Gemeinsam betrachten sie ihr Werk. Sabrina schaut Piet an. Er wirkt ein wenig angespannt. „Vielleicht ist er aber auch nur gespannt, schließlich ist Weihnachten total aufregend", denkt Sabrina.
„So, jetzt helfe ich Dominik mal in der Küche. Er hat bestimmt was für mich zu tun. Schließlich soll ja alles rechtzeitig bis heute Abend fertig sein", sagt sie.
„Das wird bestimmt lecker", sagt Piet. „Ich hab jetzt schon Hunger!"
„Willst du vielleicht noch etwas spielen, bis es so weit ist? Dann vergeht die Zeit schneller bis zur Bescherung. Und wenn du das Glöckchen hörst, ist es so weit, dann kommst du ganz schnell."
Das lässt Piet sich nicht zweimal sagen. Schon ist er weg und Sabrina hört, wie seine Zimmertür zufällt.
Dann ist es endlich so weit! Sabrina nimmt das kleine Glöckchen, mit dem schon ihre Eltern sie und ihre Geschwister zur Bescherung gerufen haben, und klingelt. Sie freut sich auf Piets strahlendes Gesicht, wenn er seine Geschenke auspackt.

Doch Piet kommt nicht.

Vielleicht hat er es nicht gehört, denkt sie und schüttelt das kleine Glöckchen erneut, doch von Piet ist immer noch nichts zu sehen.
Ihr Mann Dominik, der erwartungsvoll am Weihnachtsbaum gewartet hat, tritt zu ihr.
„Was ist los?", fragt er.
„Ich weiß auch nicht. Komm, wir schauen mal nach ihm", schlägt Sabrina vor.

Piet sitzt auf seinem Bett. Abwesend rollt er sein Lieblingsauto über die aufgeworfenen Berge und Täler seiner Bettdecke.
„Piet, das Glöckchen hat geklingelt, du musst schnell ins Wohnzimmer kommen. Die Bescherung wartet auf dich."
„Ich will in meinem Zimmer bleiben", sagt er leise, ohne aufzuschauen.
Die Pflegeeltern sehen sich an. Sie spüren, dass Piet mit irgendetwas völlig überfordert ist. Dominik setzt sich neben ihn.
„Weißt du was? Wenn du in deinem Zimmer bleiben möchtest, dann möchten wir auch hierbleiben. Weihnachten muss ja nicht unbedingt im Wohnzimmer sein. Wir holen es einfach hierher."
„Das ist eine schöne Idee!", sagt Sabrina. „Heiligabend mal ganz anders. Was meinst du?" Piet schaut etwas unsicher, denn er kann sich nicht vorstellen, was das alles genau bedeuten soll, doch schließlich nickt er.
„OK, dann kommen wir gleich wieder", sagt Sabrina und geht mit Dominik aus dem Zimmer. Kurze Zeit später klopft es an Piets Zimmertür.
Als er öffnet, stehen seine beiden Pflegeeltern vollbepackt vor ihm.
Sabrina trägt die schön weihnachtlich verpackten Geschenke und Dominik eine dicke Kerze, Weihnachtsschmuck und sogar einen geschmückten Zweig vom Tannenbaum. Gemeinsam verwandeln sie Piets Zimmer in ein Weihnachtszimmer.
Sie machen es sich auf dem Fußboden gemütlich und Piet wird immer gelöster.

Sie singen Weihnachtslieder, packen Geschenke aus und zu guter Letzt wird auch noch das Weihnachtsessen auf dem Boden serviert.
Irgendwann kann Piet seine Augen kaum noch offenhalten und Sabrina bleibt bei ihm, bis er eingeschlafen ist.

Am nächsten Tag ruft Sabrina Gabriele Wohlert-Leisner vom Pflegeelternverein an, um ihr schöne Weihnachten zu wünschen. Durch ihre regelmäßigen Treffen sind die beiden inzwischen gute Freundinnen geworden.
„Und wie ist euer Heiligabend gewesen?“, fragt Gabriele.
„Also, ganz anders als sonst und als geplant, aber sehr schön. Auch wenn ich noch nicht alles verstanden habe.“ Sie erzählt ihrer Freundin von ihrem ungewöhnlichen Heiligabend.

„Da habt ihr aber super reagiert. Gerade emotionale Familienfeste, vor allem Weihnachten, sind in unserer Gesellschaft so sehr mit ‚glücklicher Familie und Zuhause‘ verbunden. Bei Pflegekindern können aber andere Erinnerungen wieder wach werden, was Familie für ein Kind bedeuten kann, nämlich wenn Eltern lieblos, gleichgültig, verständnislos und kalt mit ihrem Kind umgehen.
An eurem Heiligabend habt ihr alles so schön gestaltet, so liebevoll und warm, sodass Piet den Unterschied, was Familie ihm geben kann und was er früher nicht hatte, hautnah erlebte. Ihr habt ihm die Möglichkeit gegeben, Rücksicht und Verständnis mit viel Liebe zu erfahren. Und so wurde er mit seinen Erinnerungen ernstgenommen. Was für eine schöne Erfahrung für ihn! Wir als Pflegeeltern wissen doch, dass nicht nur schöne Worte, sondern gerade auch neue Erlebnisse helfen.“
„Das stimmt. Aber nicht nur für ihn war es schön, auch für uns war es ein sehr schöner Abend. Alles, was wir wollen, ist, dass es ihm gut geht. Wenn in diesem Fall dazu gehört, offen für etwas Neues zu sein, ist das wichtiger, als an Traditionen zu hängen“, sagt Sabrina.
„Ja genau, so wächst eine Pflegefamilie zusammen!“, ergänzt Gabriele. „Schöne Weihnachten für euch!“

Die Fachtexte zu den illustrierten Geschichten

Das Prinzip neuer korrigierender Erfahrungen und die Chancen in der Pflegekinderhilfe

von Oliver Hardenberg

Der Psychoanalytiker Franz Alexander (Alexander et al., 1946) entwickelte im Rahmen seiner Behandlungen das Prinzip korrigierender emotionaler Erfahrung. Es ging dabei um den von ihm entwickelten Ansatz, Patienten unter günstigeren Umständen als früher erneut mit emotionalen Situationen im Hier und Jetzt zu konfrontieren, mit denen sie in der Vergangenheit nicht umgehen konnten. So ergaben sich für Patienten neben den Behandlungssitzungen Chancen, korrigierende emotionale Erfahrungen zu machen, um den traumatischen Einfluss früherer Erfahrungen zu mindern. Franz Alexander fokussiert die emotionale Erfahrung der Unterschiede zwischen der damaligen (hier: traumatischen) und der heutigen (hier: korrigierenden) Situation (Melcher, 2013).

Überträgt man den Ansatz Franz Alexanders in diesen Aspekten auf das Pflegekinderwesen und dieses Buch, bedeutet dies: Pflegekinder können unter den günstigeren Umständen des Aufwachsens in der Pflegefamilie im Alltag durch Trauma-Trigger[1] in emotionale Nöte und Ängste kommen, für die es früher für sie keine Hilfen oder Lösungen gab. Nun können sie in der Beziehung mit den Pflegeeltern neue korrigierende emotionale Erfahrungen erleben. Diese mindern die früheren schädigenden Erfahrungen und lösen Gesundungs- und Stabilisierungsprozesse bei den Pflegekindern aus.

Bruno Bettelheim stellte als jahrzehntelanger psychoanalytischer Leiter der Orthogenic School der Universität Chicago (Institut zur Erforschung und Behandlung schwerer emotionaler Störungen im Kindesalter) seine Forschungs- und Erfahrungsergebnisse über die Gesundungsmöglichkeiten dieser Kinder umfassend dar (Bettelheim, 1974). Überträgt man seine Erkenntnisse sinngemäß auf das Pflegekinderwesen, bedeutet das, dass das Pflegekind nicht nur seine traumatischen Erlebnisse erzählen können muss, es muss sie vielmehr, um sie tatsächlich zu bewältigen, emotional noch einmal mit einem anderen Resultat in der Pflegefamilie durchleben und eben nicht nur das Geschehene gedanklich erfassen oder sprachlich ausdrücken können.
„... können wir belegen, daß eine korrigierende Erfahrung vor allem dann wirksam ist, wenn sie in genau der Situation gemacht wird, in der das Trauma ursprünglich entstand“ (ebd., S. 172).

1 Trauma-Trigger meint in der Pflegefamilie, dass in einer spezifischen Situation, die dem früheren traumatischen Erlebnis ähnelt, beim Pflegekind unwillkürlich Erinnerungen, Gefühle und Reaktionen der Bedrohung und Hilflosigkeit ausgelöst werden.

An genau dieser Analyse des Psychoanalytikers Bruno Bettelheim knüpfen die Erfahrungen und Erkenntnisse im Pflegekinderwesen und durchgehend in diesem Buch in den illustrierten Geschichten mit den jeweiligen Fachtexten an.

In ihrem Grundlagenwerk „Pflegekinder und ihre Entwicklungschancen nach frühen traumatischen Erfahrungen“ erläutern Monika Nienstedt und Arnim Westermann (2007, S. 80ff) ihr Modell der Integration eines Kindes in eine Pflegefamilie mit den Phasen Anpassung, Übertragung und Regression und sie zeigen auf, dass das Wiederbeleben von heftigen Gefühlen wie Ängsten, Wut und Zorn, aber auch von innigen Wünschen, Ohnmacht, Enttäuschung des Pflegekindes in der neuen Beziehung zu den Pflegeeltern jetzt andersartige und befriedigende – sprich korrigierende – Erfahrungen ermöglicht. So erleben Pflegekinder Rücksicht, werden nicht überwältigt, sondern sind geschützt (ebd., S. 110f).

Einen fundierten und hilfreichen Überblick darüber, was Pflegekinder für ein gesundes Aufwachsen in der Pflegefamilie benötigen – und was nicht – gibt Martin Janning im 8. Jahrbuch des Pflegekinderwesens (2023). Er beschreibt dabei die Grundbedürfnisse von Pflegekindern, sich in ihrer Pflegefamilie geschützt und willkommen zu fühlen, traumatische Erfahrungen zu verarbeiten und korrigierende Erfahrungen zu integrieren.

Maggie Schauer und Inga Schalinski erklären in „Zur Biologie des Überlebens – Ätiologie und Behandlung traumainduzierter Dissoziation“ (2022), dass man traumatisierten Menschen hilft, indem man Worte für ihre Zustände und ihr Erleben findet und ihnen korrigierende Beziehungserfahrungen ermöglicht.
Bezugnehmend auf die Erkenntnisse der zuvor angeführten Autorinnen und Autoren wird in diesem Buch den Fragen nachgegangen, was Voraussetzungen für neue korrigierende Erfahrungen sind, wie sie praktisch im Alltag der Pflegefamilie ermöglicht werden können und wie man Pflegeeltern und Fachkräfte dahingehend schulen kann.

Diagnostik vor (Jugend-)Hilfe
Die Bedeutung einer sozialpädagogischen Einschätzung und einer qualifizierten Diagnostik des Pflegekindes

Für Pflegeeltern und Fachkräfte ist es von zentraler Wichtigkeit, so viel und so konkret wie möglich über die biografischen Erfahrungen des Pflegekindes bei seinen leiblichen Eltern zu erfahren. Wichtige Informationsquellen können eine gezielte aktive Recherche über die Zeit in der Herkunftssozialisation sein, aber auch die emotionalen Auffälligkeiten des Pflegekindes, seine Erinnerungen oder seine Spielinhalte. Darüber hinaus helfen je nach Alter qualifizierte Diagnostiken vor Aufnahme des Pflegekindes oder im Verlauf des Pflegeverhältnisses. Ist beispielsweise ein Pflegekind traumatisiert und gleichzeitig von FASD betroffen sind natürlich beide Diagnosen relevant, um dem Kind passgenau weiterzuhelfen bzw. das erzieherische Verhalten im Alltag daran zu orientieren.

Alle die Pflegefamilie begleitenden Fachkräfte müssen also aus pädagogischer, psychologischer, psychotherapeutischer, psychiatrischer, medizinischer, neurowissenschaftlicher und heilpädagogischer Sicht die Komplexität möglicher Ursachen für die Entwicklung des Kindes in den Blick nehmen (Hardenberg, 2024a). Denn es macht einen Unterschied für den Alltag der Pflegefamilie, ob das Pflegekind traumatisiert, ein Kind mit FASD oder mit einer Autismus-Spektrum-Störung ist.

Qualifizierte fachliche Einschätzungen und Diagnostiken helfen den Pflegeeltern

Vielfach stehen Pflegeeltern bei Auffälligkeiten des Kindes im Alltag vor der Frage „Worum geht es jetzt hier eigentlich? Was ist gerade los oder angesagt? Wo stehen wir gerade?"
Geht es gerade um traumatische Ängste oder Wut sowie Fragen der Deeskalation (Trauma- und Deeskalationspädagogik)? Oder um Anpassung, Regression und Übertragung (Integrationsphasen)? Oder um Fragen der Bindungs- und Beziehungsentwicklungen und Interaktionen? Oder stehen Folgen von FASD im Vordergrund (FASD-Pädagogik)? Oder geht es schlicht um die normale Erziehung eines Kindes im Alltag (Hardenberg, 2023)?

Hier benötigen Pflegeeltern besonders in der ersten Zeit, aber auch im weiteren Verlauf, intensive Beratung und Unterstützung auf Basis der diagnostischen Einschätzung, aber auch Tipps durch erfahrene Pflegeeltern.

Konzeptionelle Voraussetzungen für neue korrigierende Erfahrungen (Hardenberg et al., 2021)

Mit dem Konzept des **Guten Grundes** können Pflegeeltern und Fachkräfte nach den Ursachen und Gründen der auffälligen emotionalen Reaktionen des Pflegekindes in spezifischen Situationen suchen, die auf traumatische Erfahrungen hinweisen könnten (vgl. Essen im Kinderzimmer horten: die Geschichte von Lena). Das Erkennen und Verstehen des Kindes ermöglichen den Einstieg für neue korrigierende Erfahrungen durch Erlebnisse mit den Pflegeeltern. Allein das Erlebnis des Kindes, dass seine **Guten Gründe** für seine Nöte erstmals verstanden werden, schafft den Ausgangspunkt für das Kind, sich für neue elterliche Beziehungen zu öffnen.

Das **Konzept des biografischen Narrativs** soll dem Pflegekind erklärend helfen, zu verstehen, warum es nicht bei den leiblichen Eltern aufwachsen konnte. Diese Erklärungen für das Kind sollten logisch, alters- und kindgerecht und möglichst übereinstimmend erfolgen. Dann kann das Kind seine Ängste, Nöte und Schwierigkeiten den Erklärungen der Pflegeeltern oder der Fachkräfte zuordnen. Und wenn das Kind seelische, körperliche und sexuelle Gewalt sowie Vernachlässigung erlebt hat, muss es sich von diesen Erfahrungen kritisch distanzieren können und Wut auch an die Verursacher adressieren dürfen. Ohne dieses **Konzept der kritischen Distanzierung** ist traumapädagogisch oder traumatherapeutisch eine Verarbeitung der schädigenden Erfahrungen kaum möglich. Und schließlich muss dem Pflegekind klar sein, mit welcher Perspektive es in die Pflegefamilie vermittelt wurde (dauerhafter Verbleib) und dass die Ziele in seiner weiteren Entwicklung Schutz und Gesundung in der Pflegefamilie sind: **Konzept der Perspektivklärung.**

Diese Konzepte fördern eine Haltung bei Pflegeeltern und Fachkräften, die das Kind als Individuum mit Würdigung seiner Biografie in den Blick nehmen und damit eine individualpädagogische und individualpsychologische Sicht auf das traumatisierte Pflegekind einnehmen, mit dem Ziel, seelische Gesundung und Stabilität zu ermöglichen.

Neue korrigierende Erfahrungen aus Sicht der Neurowissenschaften

Neuroplastizität beschreibt in den Neurowissenschaften den lebenslang möglichen neuronalen Umbau in Abhängigkeit der Aktivitäten und Erfahrungen und dient dazu, die Funktionen des Nervensystems anzupassen und zu erweitern. Das pädagogische Motto „aus Erlebnissen werden Erfahrungen" für traumatisierte Pflegekinder bestätigt sich folglich auch in den Neurowissenschaften.

Gerald Hüther beschreibt diese Prozesse – hier übertragen auf traumatisierte Pflegekinder:
„... müssen dazu die wiederholte Erfahrung machen, dass sich ihre ... Ängste auch auf andere als die bisher ‚bewährte' Weise erfolgreich bewältigen lassen. Nur so lassen sich alternative Strategien des Denkens, Fühlens und Handelns allmählich ebenfalls strukturell verankern. Die Gefahr des automatischen Zurückgreifens auf die ursprünglichen, älteren und daher tiefen gebahnten Strategien bleibt jedoch vor allem in Zeiten psychischer Krisen ständig präsent. Eine Auflösung dieser ... gebahnten neuronalen Verschaltungen lässt sich wahrscheinlich erst durch die Stressreaktion erreichen. Sie geht mit einer lang anhaltenden Erhöhung der Cortisolsekretion einher und führt zur Destabilisierung bereits etablierter assoziativer Verschaltungen. Schwere seelische Krisen, Verzweiflung, Ohnmacht und Hilflosigkeit bieten so eine Chance zur Reorganisation und zu einem Neuanfang" (Hüther, 2001) – und im Sinn dieses Buches zur Verinnerlichung neuer korrigierender Erfahrungen.

Praktische Möglichkeiten für neue korrigierende Erfahrungen in der Pflegefamilie

In vielen Einzel- oder Gruppenberatungen sowie in Seminaren mit Pflegeeltern ist es für die Teilnehmenden von großem Interesse, wie im Alltag der Pflegefamilie neue korrigierende Erfahrungen praktisch ermöglicht werden können – unter Berücksichtigung der vorherigen Ausführungen.

Vorab ist zu beachten: Entscheidend sind nicht etwa kluge Bemerkungen oder Deutungen der Pflegeeltern allein zu den guten Gründen der emotionalen Verhaltensauffälligkeiten des Pflegekindes, nach denen wohlmöglich rezeptbuchartig gesucht wird. Das *Wissen um die guten Gründe stellt den Anfang des Verstehens* des Pflegekindes dar, durch das es sich gesehen und angenommen fühlt. Damit ist es die Grundlage für den *Einstieg in neue korrigierende Erfahrungen* durch neues Erleben des Pflegekindes in kritischen Situationen, in denen traumatische Ängste in der Pflegefamilie auftauchen und durch neue Erlebnisse korrigiert werden können. Die Pflegeeltern nehmen eine traumasensible Haltung in Situationen ein, in denen die Traumafolgestörungen des Kindes virulent sind. Wiederkehrende neue Erlebnisse – manchmal über Jahre – führen zu dem Durchleben der Angst in der Übertragung auf die Pflegeeltern mit allen emotionalen Qualitäten des Kindes.

Rituale, Traditionen, Strukturen, Ko-Regulation, zeitliche Verfügbarkeit und Aha-Erlebnisse

In den folgenden Fachtexten zeigt sich die Bedeutung von Ritualen, entwickelnden Familientraditionen und -strukturen, aber auch kreativen, manchmal spontanen neuen Lösungen. Dies kann der Intuition und Lebenserfahrung der Pflegeeltern entspringen, aber auch durch Fachberatung, Gespräche mit anderen Pflegeeltern, Fachseminare oder Literatur entstehen. Praktische Lösungen für ein Kind mit Verlustängsten angesichts vieler frühkindlicher Lebensstationen können das zuverlässige Anbieten von Verfügbarkeit, Zeit, Rücksicht, Anpassung des Lebenswandels der Pflegeeltern für diese Zeit und auch die Ko-Regulation[2] sein. Oder bei überforderten und gestressten Kindern (Folge von Bindungs- und Beziehungsstörungen) Beruhigung, förderliche Tagesstrukturen, nicht direkt nach Aufnahme eines Kindes in den Urlaub zu fahren und es nicht rasch in den Kindergarten zu geben. Für ein Kind kann es auch eine Lösung sein, eine Kuscheltiermauer um sein Bett herumzubauen, um seine nächtlichen Ängste zu lindern. Manchmal kann es durch Haltungen und Handlungen der Pflegeeltern zu Aha-Erlebnissen des Pflegekindes kommen – die Pflegeeltern zeigen sich nicht enttäuscht oder ziehen sich nicht zurück, wenn das Kind laut schimpft oder wütet. Das Kind erlebt und lernt, dass es so reagieren und sein darf und dass die Pflegeeltern es so aushalten und es begleiten.

Angstbedingte Kontrolle wandelt sich in Vertrauen ...

Wie zuvor beschrieben, lernt das Kind nun durch solche Reaktionen der Pflegeeltern Vertrauen, sich helfen zu lassen und zugehörig zu fühlen, sich emotional fallen zu lassen. Es muss nicht mehr ständig angstvoll das familiäre Geschehen kontrollieren. Über die Jahre zeigt sich in Diagnostik, Therapie und Beratung von Pflegeverhältnissen, wie zentral der Wunsch des Kindes nach Kontrolle sein kann, um nicht wieder so verletzt zu werden und nicht wieder in solche Angstzustände zu geraten. Wenn sich das Kind überangepasst verhält, sich selbst bestraft, sich verweigert, sich zurückzieht oder wegläuft, die Pflegeeltern attackiert, die Pflegeeltern bestimmt und überwacht, sich nicht helfen lässt, keine Hilfe sucht oder andere emotionale auffällige Reaktionen in der Pflegefamilie zeigt, ist das stets der Versuch, mit selbst entwickelten Strategien Kontrolle über die für es erwartete, gefährliche und unkontrollierbare Situation zu erringen. Die Auffälligkeit in der Pflegefamilie ist dabei vielfach die Schutzstrategie des Kindes aus der Zeit, in der es traumatisiert wurde.

Wenn das Pflegekind diese angstbedingte Kontrolle nach und nach aufgeben und sich auf eine Beziehung als Kind bei Pflegeeltern emotional tiefergehend einlassen kann, ist einiges erreicht und vieles auf dem richtigen Weg.

---

2 Ko-Regulation bedeutet, das Pflegekind mit seinen Gefühlen nicht alleinzulassen und ihm bei der Bewältigung seiner Stresssituation zu helfen, es durch feinfühligen Umgang mit seiner emotionalen Not zu unterstützen, auszubalancieren und diese Not als Pflegeeltern mit auszuhalten und Lösungen zu finden.

Triggermomente und das aggressive Agieren eines Pflegekindes

von Michael Greiwe

Meikel (S. 9)

Was ist mit Triggermomenten gemeint?

Die Geschichte von Meikel und seinen Aggressionen zeigt, dass er durch das Umstürzen der Legokiste *getriggert* wurde. Er nimmt eine Erinnerung wahr, die einen *Schlüsselreiz* auslöst. Schlüsselreize sind einzelne Sinneswahrnehmungen (Geräusche, Gerüche, Bilder, Stimmen, Geschmacksempfindungen, taktile Empfindungen) oder auch komplexe Reizmuster (Atmosphären, Situationen), die plötzlich frühere Erlebnisse aufrufen, die z. B. mit bedrohlichen Gefühlen für das Kind verbunden sind – ohne, dass das Kind unmittelbar darauf Einfluss nehmen kann. Manchmal werden nicht nur Gefühle intensiv wiederbelebt, sondern es entstehen konkrete Erinnerungsbilder von früher. Im Verlauf des Prozesses können traumatisierte Pflegekinder plötzlich wieder von existenziellen Nöten und Ängsten überrascht und dominiert werden. Dies ist auch in der Geschichte von Meikel der Fall, obwohl die Tatsache, dass seine Pflegemutter die Legokiste auskippt, an sich keine Gefahr und Bedrohung darstellt. Im Erleben Meikels aber bedeutet das aufgrund seiner früheren Erfahrungen in seiner Herkunftsfamilie, in der seine leiblichen Eltern im Streit die Kontrolle verloren, Mobiliar zerschlugen, Schubladen aus den Schränken zogen und sich damit bewarfen, dass er unmittelbar eine unerträgliche Ohnmacht spürt.

Wie entstehen aus Triggern Impulsdurchbrüche?

Um dieser Ohnmacht zu entfliehen, reagiert Meikel aggressiv und geht in den Kampf, um sich angesichts seiner komplexen Hilflosigkeit zu stabilisieren: Er verwandelt seine Ohnmacht in Macht. Mit seiner entfesselten Wut kann er sich zunächst der Gefahr emotional entziehen. In diesem Sinne handelt es sich um eine *„Übertragungswut"*.

Schlüsselreize können zu impulsiven Reaktionen von Pflegekindern führen. Das bedeutet nicht zwangsläufig, dass das Kind die damaligen traumatischen Erlebnisse wieder vor Augen hat bzw. konkret erinnern und sprachlich ausdrücken kann. Häufig liegen die Traumata im Pflegekinderwesen schon in frühester Kindheit, sodass das Kind auch keinen Zugang zu greifbaren Wahrnehmungen und Erinnerungen haben kann.[1] Insofern sind solche aggressiven Impulsdurchbrüche mit Begriffen wie *Austicker* oder *Ausraster* nicht angemessen bezeichnet, denn sie erfolgen beim Kind aus guten Gründen, erkennbaren Auslösern und sind in der Regel unkontrollierbar für das Kind. Vielfach zeigen sich bei traumatisierten Kindern ähnlich verlaufende Prozesse hinsichtlich der Auslöser und der Abfolge, die aber in der Intensität und Dauer variieren können. Immer gleich ist die hohe Anspannung des Kindes mit seinem Drang, zu agieren, der sich zu einem Automatismus entwickeln, aber auch durch korrigierende Erfahrungen wieder verändert werden kann.

Welche unterschiedlichen Formen von Wut kann es bei Pflegekindern geben?

Die Hintergründe solcher Impulsdurchbrüche definierte und differenzierte Hardenberg (2022) wie folgt:

- Übertragungswut: mit Auslöser, Erinnerung und Reaktion
- Wut durch Identifikation mit dem Angreifer: misshandelte Kinder, die sich dem Angreifer ähnlich machen, um die ohnmächtige Angst vor ihm zu verlieren
- Angstabwehrende Wut: erfahrungsbedingt erwartetes Ausbleiben von Hilfe oder erlebte Chancenlosigkeit führt in die wütende Flucht nach vorn
- Enttäuschungswut: unerfülltes drängendes Bedürfnis als Frustrationswut
- Enthemmte Wut: schwer bindungsgestörtes Kind
- Kränkungswut: Ohnmacht oder Schwäche aufgrund sehr geringem Selbstwert nicht zeigen und in wütende Machtkämpfe gehen bzw. Wut aus Angst vor Schwäche
- Wut strukturschwacher Kinder: Kinder mit FASD mit geringer Selbststeuerung/Affektkontrolle zeigen eingeschränktes Erfahrungslernen für einen konstruktiven Umgang mit Wut
- Überforderungswut: Kinder mit kognitiven Einschränkungen oder FASD
- Über Wut und Ärger Kontakt/Nähe/Beziehung herstellen: aus Angst vor Ablehnung und Zurückweisung

Diese Formen von Wut können dabei nicht immer klar voneinander getrennt werden, sondern treten durchaus häufig in Mischformen auf, sodass Ursachen und Wirkungen auch mehreren Aspekten zugeordnet werden können.

Wieso kann ein Pflegekind die Frage nach dem „Warum?" nicht beantworten?

Allen Pflegekindern fällt es in der Pflegefamilie lange Zeit schwer, einen Bezug zwischen dem Trigger und dem eigenen aggressiven Verhalten herzustellen. Einerseits, weil das Pflegekind vielleicht keine klaren Erinnerungen hat; andererseits, weil es dermaßen von hochbedrohlichen Gefühlen eingenommen ist, dass es gar nicht in diese Richtung denken kann. Zudem ist zu berücksichtigen, inwieweit das jeweilige Kind bereits einen Zugang zu den Inhalten seiner frühen Erfahrungen gewinnen konnte (biografisches Narrativ). Demzufolge kann es das *„Warum?"* weder sich selbst, noch seinen Pflegeeltern und erst recht nicht Dritten (z. B. in der Schule) erklären. Fragt man ein Kind nach einem solchen Impulsdurchbruch nach dem *„Warum?"*, so stellt man es vor ein unlösbares Rätsel. Für die Antwort auf das *„Warum"* benötigt das Kind hilfreiche Erklärungen und Gründe von dem Erwachsenen, der aber stattdessen selbst die Frage an das Kind adressiert. Dabei ist das Wissen, was exakt der auslösende

---

1 Vgl. „Paul und die Angst vor dem Arztbesuch". In: Hardenberg et al. (2. Auflage, 2022)

Trigger war, nicht die bedeutende Information. Vielmehr benötigt das Kind eine Erklärung, dass der gute Grund für seinen Impulsausbruch mit seinen frühen traumatischen Erlebnissen verknüpft ist.

Wie können Pflegeeltern dem wütenden Pflegekind helfen?

Wenn ein Pflegekind plötzlich und aus dem Nichts heraus hochaggressiv agiert und dabei vollkommen außer sich ist, stellen vor allem die Intensität, das Tempo und die Unberechenbarkeit des Verhaltens sehr hohe Anforderungen für Pflegeeltern dar. Es ist hilfreich, sich zunächst auf die Deeskalation der Situation zu fokussieren (*Feuerwehreinsatz*) und seinen eigenen Anspruch an Erziehung und Klärung zurückzustellen. Denn es darf nicht passieren, das Kind in seiner emotionalen Überforderung alleinzulassen. Es hilft dem Kind überhaupt nicht, zu sagen: *„Du bleibst jetzt auf deinem Zimmer, bis du dich beruhigt hast!"*, und wegzugehen. Ein wesentliches Prinzip der Traumapädagogik besagt, das Kind in seinen traumabedingten Auffälligkeiten und Ängsten eng zu begleiten. Dass die Pflegemutter Meikels Agieren aushält, bei ihm bleibt und möglichst beruhigend und souverän reagiert, zeigt dem Kind, dass sie sich selbst trotz der eskalierenden Situation emotional steuern kann und in der Lage ist, ihm zu helfen, sich zu regulieren (Ko-Regulation). Meikel erlebt, dass er auch in diesen Eskalationen von ihr gehalten und ihre Reaktion von der spürbaren Absicht getragen wird, ihm in seiner Aggression zu helfen. Erfüllen Pflegeeltern allein diesen Anspruch und setzen ihn beharrlich und zuverlässig um, ist dem Pflegekind erheblich geholfen. In der Geschichte mit Meikel werden diese Reaktionen von der Pflegemutter klar erlebbar gemacht.

Meikel macht aber nicht nur die korrigierende Erfahrung, dass seine traumabedingte Aggressivität nicht zu Bestrafungen oder Reglementierungen führt. Statt solcher Zurückweisungen, die für Meikel eine Leugnung seiner traumatischen Erlebnisse bedeuten, spiegelt die Pflegemutter ihm zunächst anerkennend wider: *„Oh, mein Gott ... du kochst ja vor Wut!"* Ferner drückt sie ihm gegenüber ihr Verständnis für sein Verhalten aus und übernimmt auch Verantwortung für das gesamte Geschehen. In diesem Zusammenhang zeigt sie ihm mitfühlend, dass sie seine Wut nicht persönlich nimmt, da sie versteht, woher sie kommt und warum seine Wut jetzt ausgelöst wurde (Übertragung). Mit dem Satz: *„So doll, dass du die Wut gar nicht mehr aufhalten kannst!"*, erklärt sie Meikel, dass seine Wut so groß ist, dass er von ihr komplett eingenommen wurde. Meikel erlebt sie als schützende Pflegemutter, die nicht nur auf sich und ihn achtet, sondern auch auf seine Spielsachen. Er erlebt eine Pflegemutter, die auch in einer solchen Eskalation die Ruhe bewahrt und Fürsorge für ihn übernimmt – eine korrigierende Erfahrung im Sinne dieses Buches.

Wie kann man ein Pflegekind in der Überwindung seines Traumas begleiten?

Als Meikels Wut verflogen ist, wechselt sein Gemütszustand in eine tiefe Traurigkeit. Er versteht nicht, was gerade passiert ist: *„Ich will das gar nicht, das passiert einfach. Bin ich verrückt?"* Seine Verletztheit, sein Schmerz, seine früheren schlimmen Erlebnisse, die durch die Legokiste für ihn blitzschnell getriggert wurden und sich in unsteuerbare Aggressionen wandelten, sind jetzt für ihn durch die empathische Begleitung der Pflegemutter auch in dem Gefühl der Traurigkeit zu spüren. Er traut sich – vielleicht sogar erstmalig – seine Verletztheit in der vertrauten Beziehung zur Pflegemutter zu zeigen. An diesem Punkt startet ein gemeinsamer Prozess der Verarbeitung und Überwindung der Folgen seiner Traumatisierung. Die Pflegemutter erkennt seinen Mut, sich so verletzt zu zeigen: *„In solchen Momenten wirst du so von deiner Wut beherrscht, was du selbst so gar nicht willst."* Aber auch durch körperliche Zuwendung, Zuspruch und Trost fängt sie Meikel auf: *„Du bist ein großartiges Kind!"*
Sie drückt ihren Wunsch aus, ihn weiter bei der Bewältigung des Traumas zu stützen: *„Und wie du vorhin gesehen hast, kann ich viel aushalten, auch deine Wut und deinen Schmerz."* Und sie gibt ihm die Erlaubnis und Aufforderung, in der Beziehung zu ihr seine Aggression und Verletztheit zeigen zu dürfen.
Die Traumatisierung, die schlimmen Erlebnisse des Kindes, die getriggert in einem Wutanfall münden, werden nicht durch unterbindende Reglementierungen geleugnet, sondern durch Empathie und Verständnis anerkannt und hilfreich begleitet.

Wodurch erlebt Meikel eine korrigierende, heilsame Erfahrung?

Für Meikel steht die verneinende Antwort seiner Pflegemutter auf seine Frage, ob er verrückt sei, im Zentrum seines Selbstwertes. Sie beantwortet aber nicht nur diese Frage, sondern erklärt ihm auch, warum er so aggressiv agierte: *„Nein, du bist nicht verrückt. Das, was du erlebt hast, ist verrückt."* So findet er hilfreiche Antworten in der Beziehung zu seiner Pflegemutter und kann dadurch die Geschehnisse von früher besser mit dem Hier und Jetzt verknüpfen. Diese Form der Kommunikation durch die Pflegemutter führt dazu, dass er sich selbst besser verstehen und annehmen kann.

Traumapädagogik im Pflegekinderwesen bedeutet, keine Bedienungsanleitung zum Unterbinden von auffälligem Verhalten oder Symptomen zu suchen und anzubieten. Vielmehr geht es darum, eine heilsame Haltung zu entwickeln, die den Nährboden dafür bildet, dass ein Pflegekind sich überhaupt auf eine vertraute, elterliche Beziehung zu seinen Pflegeeltern einlassen kann.

Pflegeeltern sollen in der Erziehung nicht das Verhalten eines Kindes in „Gut" und „Böse" unterteilen, um „das Gute" zu verstärken und „das Böse" zu bestrafen. Als Meikel seine Traumatisierung offenbart, definiert seine Pflegemutter ihre Rolle stattdessen zu Recht darin, sich nicht die Frage zu stellen: *„Wie reglementiere ich jetzt das Kind, damit es wieder brav und artig ist?"*, sondern entscheidend in der Frage: *„Wie kann ich das Kind begleiten, damit es sein Trauma überwindet und mich dabei als eine Hilfe erlebt?"* Für den traumatisierten Meikel ist dies ein intensives und weitreichendes Erlebnis, das von ihm auch als eine grundsätzlich korrigierende Beziehungserfahrung erlebt werden kann.

Die Bedeutung des biografischen Narrativs* für Pflegekinder

von Oliver Hardenberg

Klara (S. 12)

Wie können Pflegeeltern Informationen über die Biografie des Pflegekindes erhalten?

Pflegeeltern sollten zu Beginn durch das vermittelnde Jugendamt über die bisherigen Erfahrungen und Entwicklungen detailliert informiert werden, damit sie zum einen möglichst genau wissen, auf welche Vorerfahrungen des aufzunehmenden Kindes und Folgen für die Pflegefamilie sie sich einlassen, und zum anderen, wie sie dem Kind in der Entwicklung weiterhelfen können (Biografie-Arbeit [Hardenberg, 2024a]). Darüber hinaus gibt es die Möglichkeit einer aktiven Suche und Recherche (z. B. Gespräch mit der Familienhelferin in der Ursprungsfamilie, Akteninformationen, vorhandene Diagnostikbefunde), um dem Pflegekind erklären zu können, warum es nicht bei seinen leiblichen Eltern aufwachsen kann. Zudem können qualifizierte Diagnostiken veranlasst werden, um biografische Detailinformationen zu erheben. Und manchmal können bei entsprechendem gegenseitigen Vertrauen leibliche Eltern befragt werden. Und schlussendlich ist natürlich zentral, welche Erklärung das Pflegekind in sich trägt bzw. was es über seine Geschichte denkt und weiß – was es also sagen würde, wenn man es fragte, warum es in einer Pflegefamilie aufwächst und nicht bei den leiblichen Eltern.

Worin liegt der Unterschied zwischen Biografie-Arbeit und Biografie-Erklärung?

Biografie-Arbeit geschieht tagtäglich in der Pflegefamilie durch Übertragungen (vgl. Nienstedt, Westermann, 2007, S. 80ff) der Folgen aus schädigenden Erfahrungen in der Herkunftsfamilie in die Pflegefamilie in Form von Misstrauen, Verweigerung und emotionalen Verhaltensauffälligkeiten. Wenn ein von leiblichen Eltern misshandeltes und unterdrücktes Pflegekind sich beispielsweise in einem Konflikt mit den Pflegeeltern immer wieder vor die Stirn schlägt, überträgt es seine erworbene Erwartung, dass es keine Chance im Konflikt hat, auf die Pflegeeltern und richtet seine Konfliktwut als selbstverletzendes Verhalten gegen sich selbst. Aber es kommt in der Biografie-Arbeit auch regressives Verhalten mit Wünschen nach frühkindlicher Befriedigung der Grundbedürfnisse wie Nähe, Geborgenheit, Urvertrauen, Pflege und Versorgung vor. Insgesamt bedarf es einerseits langer Zeit wiederkehrender korrigierender Beziehungs- und Interaktionserfahrungen. Anderseits kommen neben dem Verstehen aber oft auch gänzlich neue Erfahrungen mit Ritualen, Grenzen, Strukturen für das Kind im Zusammenleben vor. Diese Bausteine dienen langfristig der Verarbeitung schädigender Erfahrungen und der Stabilisierung und Gesundung in der Pflegefamilie.

Biografie-Erklärung hingegen umfasst in der Abgrenzung zur Biografie-Arbeit und zeitlich vorgelagert alle alters- und entwicklungsgerechten Schritte, dem Kind seine Biografie und die Gründe für das Aufwachsen in der Pflegefamilie aufzuzeigen, zu vermitteln und zu erklären.

Wann sollte mit der Biografie-Erklärung in der Pflegefamilie begonnen werden?

Je nach sprachlicher Entwicklung des Kindes sollte so früh wie möglich mit den Aufklärungen in alters- und entwicklungsgerechter Form begonnen werden. Wichtige Zeitpunkte für Erklärungen sind dabei die Inobhutnahme bzw. Abgabe des Kindes, die Zwischenstationen und die Vermittlung in die Pflegefamilie. Als markante Zeiträume für Biografie-Gespräche sind Kindergarten, Schule, Jugend- und Erwachsenenalter zu nennen.

In der Tendenz: Bei einem im Säuglingsalter aufgenommenen Pflegekind ist der Zeitraum bis zum Alter von drei Jahren geeignet, das Kind darüber aufzuklären, dass es nicht im Bauch der Pflegemutter gewachsen ist, sondern im Bauch der leiblichen Mutter und von dieser geboren wurde. Eine Schwangerschaft im Umfeld der Pflegefamilie kann dafür z. B. als Gesprächsanlass dienen. Entgegen der anzutreffenden Ansicht, dies stelle eine frühe tiefe Kränkung des kleinen Kindes dar, zeigt die jahrzehntelange Praxis, dass es darauf ankommt, wie klar, offen, selbstverständlich und logisch es dem Kind erklärt wird. Und auch hier ist eine am Pflegekind orientierte Haltung zentral: Nicht bei den leiblichen Eltern aufzuwachsen ist nicht per se eine Kränkung oder gar ein Trauma für das Kind, es sei denn, es wird dem Kind von Pflegeeltern oder Fachkräften durch Aussagen so vermittelt, wie z. B.: „Du bist bestimmt oft ganz traurig, dass du nicht bei deiner (richtigen/ersten/leiblichen/echten) Mutter aufwachsen darfst – mich als Pflegemutter macht das auch ganz traurig."

Bis zur Einschulung sollten dem Kind weitere Erklärungen gegeben werden, zumal in Grundschulen häufiger Familienthemen besprochen werden (Familienbaum mit Fotos erstellen). Im Jugendalter oder im Erwachsenenalter bestehen vielfach sehr konkrete Fragen der Pflegekinder zu ihren jeweiligen Erfahrungen in der Ursprungsfamilie.

Warum ist Biografie-Erklärung so wichtig?

Wenn man einem früh aufgenommenen Pflegekind verschweigt, dass es leibliche Eltern hat, kann es dies später als schweren Vertrauensbruch empfinden, von dem sich manche Pflegefamilien kaum noch oder gar nicht mehr erholen können.

* Darstellung, Erzählung und Erklärung, damit das Pflegekind seine Lebensgeschichte und seine Entwicklung realistisch und altersgerecht verstehen und sich oder anderen erklären bzw. gut vertreten kann

Langjährige Erfahrungen im Pflege- und Adoptivkinderwesen zeigen, dass die Biografie-Erklärung zu Beginn und im Verlauf der Integration eine äußerst wichtige Grundlage für das Pflegekind, die Pflegeeltern, die leiblichen Eltern und alle beteiligten Fachkräfte ist. Insofern stellt die Biografie-Erklärung bzw. das entwickelte biografische Narrativ einen Start und Anfang in die Verarbeitungsprozesse der Pflegefamilie dar. Im Idealfall entsteht eine gemeinsame Biografie-Erklärung mit der Folge, dass das Kind keine widersprüchlichen, verwirrenden oder unlogischen Informationen erfahren muss – z. B. wenn leibliche Eltern die Traumatisierungen des Kindes im Kontakt mit dem Pflegekind leugnen und sich als Opfer des Jugendamtes darstellen.

Welche Fehler können in der Biografie-Erklärung gemacht werden bzw. was sollte beachtet werden?

Begründet man einem Kind mit Verwahrlosungs- und Misshandlungserfahrungen in den Phasen der Inobhutnahme, in der Vermittlung oder in der Sozialisation in der Pflegefamilie den Anlass seiner Fremdunterbringung global und verallgemeinernd (z. B.: „Deine Eltern waren so jung/so krank/so arm/so überfordert"), so sind das Erklärungen aus Sicht von Erwachsenen, die für ein Kind kaum verständlich sind. Und solche Kommentare stimmen auch nicht, denn Jugendämter nehmen nicht Kinder in Obhut, weil die Eltern jung, krank, arm oder überfordert sind – im Gegenteil werden diesen Eltern umfangreiche Hilfen durch die Jugendämter angeboten. Diese Hilfen können aber manchmal aufgrund der hohen Einschränkung der Erziehungsfähigkeit der leiblichen Eltern nicht ausreichend erfolgreich sein. Angesichts der Schädigungen des Kindes kann demzufolge eine dauerhafte Fremdunterbringung unausweichlich sein.

Aus Sicht des Kindes werden Erklärungen dann verständlich, wenn sie die Erlebnisse aufgreifen (z. B.: „Du hattest viel zu wenig zu essen und zu trinken", „Du hattest oft ganz große Angst", „Du hast Gewalt erlebt", „Dir ist es sehr schlecht ergangen", „Wir sind zu deinem Schutz gekommen"). Kinder werden in Obhut genommen, weil sie in ernsthafter oder chronischer Gefahr sind und geschützt werden müssen. Denn Kinder, die in Obhut genommen werden, befinden sich in (existenzieller) Not und Angst. Ein kleines Kind erlebt bei fortwährender Verwahrlosung und Misshandlung, die trotz intensiver Hilfen nicht aufhören, natürlich erschütternde Schutzlosigkeit. Wächst ein Säugling oder Kleinkind in einer komplett vermüllten Wohnung auf, hat kein Spielzeug, ist schlecht ernährt, wird kaum betreut oder erlebt häusliche Gewalt, dann ist das eine Katastrophe auf allen Ebenen und vor allem gefährlich für ein kleines Kind. Dies sollte den Kindern nach und nach aufbauend alters- und entwicklungsgerecht erklärt werden mit einer Haltung, die das Erleben des Kindes realistisch einnimmt – beginnend eben damit, dass es früher große Angst hatte oder es früher sehr gefährlich für das kleine Kind war.
Unlogisch wäre eine Erklärung, dass das Kind in Obhut genommen wurde, um „sechs Wochen Urlaub auf dem Bauernhof" zu machen (sprich familiäre Bereitschaftsbetreuung). Denn Jugendämter nehmen Kinder nicht aus Familien, um sie in Urlaub zu geben. Auch nicht hilfreich ist die Erklärung, dass es jetzt zu „Tante und Onkel vom Jugendamt" komme. Oder, dass aufgrund der Tatsache, dass die leiblichen Eltern von sich aus oder aufgrund jugendamtlicher Beratung das Kind freiwillig zur Fremdunterbringung abgaben, die kritischen Vorerfahrungen des Kindes aus dem Blick geraten oder verschwiegen werden. Jede Form von Verharmlosung oder gar Verleugnung der Erfahrungen birgt hohe und ernst zu nehmende Risiken für die weitere Entwicklung des Pflegekindes. Oft fällt es Erwachsenen schwerer auszusprechen, was die Gründe für die Inpflegegabe waren, als es Pflegekindern ergeht, die nur anhören, was sie ja bereits durchleben mussten. Im Kern bedeutet Biografie-Erklärung auch immer, realistisch Stellung zu beziehen für das Kind und seine Geschichte.

Werden leibliche Eltern dadurch nicht schlechtgemacht?

In der Tat wäre es nicht hilfreich und nicht gerechtfertigt, wenn Pflegeeltern und Fachkräfte die leiblichen Eltern vor dem Kind schlechtmachten. Dies passiert aber der Kenntnis und Erfahrung nach selten, viel häufiger stellt man hingegen fest, dass sie angesichts der traumatischen Erfahrungen des Pflegekindes eher „gutgemacht" werden. Wenn die Verwahrlosung und Misshandlung mit Armut, Krankheit, jungem Alter oder Überforderung der Eltern erklärt wird (was, wie gesagt, so nicht stimmt), weckt man beim Kind vielleicht Mitleid für die leiblichen Eltern, hilft dem Kind aber nicht, seine traumatischen Erlebnisse mit Ängsten, Wut, Trauer, Schmerz und Misstrauen verarbeiten zu können.[1] Die Biografie-Erklärung sollte bzw. muss immer das Erleben des Kindes in den Vordergrund stellen, um sich von den schädigenden Erfahrungen distanzieren zu können. Denn ein Pflegekind muss verinnerlichte Trauma-Erfahrungen, Trauma-Erinnerungen, Trauma-Bilder und Trauma-Folgen mithilfe der Pflegeeltern und der Fachkräfte (Jugendamt, Vormund, Beratende, Behandelnde) logisch mit den Erklärungen und Haltungen der Bezugspersonen und Unterstützer verknüpfen können. Ansonsten könnte das Kind denken, dass es angesichts seiner auffälligen Reaktionen verrückt sei.[2] Biografie-Erklärung stellt nicht die Beweggründe und das Verhalten leiblicher Eltern in den Vordergrund, sondern erklärt das Geschehene aus Sicht des Kindes.

Insbesondere bei laufenden Kontakten des Pflegekindes mit seinen leiblichen Eltern ist es zudem wichtig und fair den Eltern gegenüber, sie in die geplanten Schritte der Biografie-Erklärung auch einzubeziehen und auf kritische Fragen oder Kommentare des Kindes vorzubereiten.

Welche Methoden der Biografie-Erklärung gibt es?

Der Zeitstrahl in der Spurensuche – wo hat sich das Kind bei wem wie lange aufgehalten – hilft, die genauen Stationen, Aufenthalte und Bezugspersonen in den Blick zu nehmen. Es sollten dabei neben den schädigenden Erfahrungen auch hilfreiche und positive Erlebnisse zusammengetragen werden.

---

1 Ist das Pflegekind älter, gut integriert und hat Abstand zu traumatischen Erfahrungen, kann es auch einen differenzierten Blick auf die leiblichen Eltern einnehmen.
2 Vgl. „Meikel und seine Wut" in diesem Buch.

Gerade Kinder, die eine Odyssee von Lebenswelten mit vielen Personen aufweisen, können über den Verlauf ihrer ersten Lebensjahre erschrocken sein. Sinnvoll ist dabei, den einzelnen Daten auch Inhalte der Erlebnisse und Erfahrungen zuzuordnen.
Je nach Alter und Möglichkeiten können für manche Pflegekinder zur passenden Zeit (z. B. im Jugendalter) Fotos von sich und den Erwachsenen der einzelnen Stationen sehr interessant sein. So erhalten sie Eindrücke von den Menschen, den Wohnverhältnissen, von sich selbst und manchmal einen Beleg dafür, was ihnen in der Biografie-Erklärung mitgeteilt wurde.
Entscheidend ist aber wiederum die Haltung, mit der die gesammelten Informationen und Fotos gezeigt werden. Wie wird ein Kind diese Erfahrungen erlebt haben können? Wie könnte ein Kind angesichts traumatischer Erfahrungen oder ständiger Wechsel gefühlt und gedacht haben?
Sätze gegenüber einem vernachlässigten und misshandelten Kind im Integrationsverlauf und Verarbeitungsprozess, wie: „Du bist bestimmt ganz traurig, dass du nicht bei deinen leiblichen Eltern aufwachsen konntest“ (statt „Es ist traurig, wenn ein kleines Kind solche Erfahrungen machen musste“) oder „Du kannst richtig stolz sein, dass du zwei Mamas hast, und das ist etwas ganz Besonderes“ weisen auf eine Haltung hin, die das Kind mit seinen Erfahrungen und Erlebnissen sowie Folgeproblemen nicht in den Vordergrund stellt, um Verarbeitungsprozesse einzuleiten. Die Theorie hinter dieser Haltung erinnert an Scheidungs- und Patchwork-Kinder, aber nicht an traumatisierte Pflegekinder.

In diesem Kontext können für Pflegekinder auch Erinnerungsbücher, auf denen das Kind mit Krone abgebildet ist, oder eine Schatzkiste für Erinnerungsstücke zur Biografie bzw. Ursprungsfamilie insofern kritisch sein, weil die Erfahrungen traumatisierter Pflegekinder in ihren Herkunftsfamilien kaum zu Krone und Schatzkiste passen. Im Erleben der Kinder führt dies unter Umständen zu einer Verharmlosung kritischer Erfahrungen – und damit haben Pflegefamilien leider häufig zu tun. Traumafolgestörungen und Beziehungsstörungen lindern sich nicht durch eine Krone auf dem Kopf. Pflegekinder müssen in diesem Kontext folglich nicht mit Krone und Schatzkiste sogar noch überhöht werden, sondern sie brauchen vielmehr Unterstützung, um sich normal und gesund entwickeln zu können. Einen besonderen Aufbewahrungsort für wichtige Unterlagen, Dinge und Fotos zu haben, kann hingegen natürlich sinnvoll sein.

Welche Besonderheiten sind weiter bei der Biografie-Erklärung zu beachten?

Zu unterscheiden ist, ob das Pflegekind Bilder und konkrete Erinnerungen zu seinen Erfahrungen in der Herkunftsfamilie hat oder nicht. Erinnert es konkret Ereignisse oder Erfahrungen aus dieser Zeit, kann die Biografie-Erklärung diese Erinnerungen, das Wissen über die Herkunftsfamilie sowie die auffälligen emotionalen Reaktionen des Kindes verbinden und aufgreifen. Zudem ist immer wichtig, was dem Kind bereits erklärt wurde und wie es sich selbst die Biografie erklärt. Hier können kindliche Fehlüberzeugungen entsprechend richtiggestellt werden. Denn biografische Lücken werden nicht selten von Kindern mit Fantasien gefüllt – wie z. B.: „Meine ersten Eltern sind tot“.
Hat das Kind keine Erinnerungen oder Bilder aufgrund von Traumatisierungen im Säuglings- und Kleinkindalter im Kopf, muss ihm ein altersgerecht realistisches Bild bzw. Narrativ vermittelt werden. Das ist erforderlich, damit das Pflegekind seine emotionalen Verfassungen (z. B. hoch autoaggressives Verhalten oder Panikzustände eines Pflegekindes mit früher Kindesmisshandlung durch ein Schütteltrauma) in Einklang bringen kann mit seinen Erfahrungen – dies ist ein wesentlicher Baustein jeglicher Trauma-Verarbeitung[3]. Torsten Ziebertz (2022) betont zurecht, dass es für viele Pflegekinder und -jugendliche eine große Belastung ist, keine chronologische Erinnerung zu haben. Deswegen kommt für ihn der Biografie-Arbeit – sprich Biografie-Erklärung – eine so große Bedeutung zu.

Wo findet man diese Erfahrungen zur Biografie-Erklärung in der Geschichte über Klara wieder?

In dieser Geschichte wird gezeigt, von welch zentraler Bedeutung die Haltung des Pflegevaters zur Biografie Klaras und zu ihrem Status als Pflegekind ist. Dies ist entscheidend, denn seine Haltung bestimmt, ob das folgende Gespräch mit ihm für Klara hilfreich ist. Würde er beispielsweise sagen: „Oh Gott, wie schlimm, die sollten doch gar nicht wissen, dass du ein Pflegekind bist. Bleibe besser erst mal eine Woche zu Hause, vielleicht haben sie es bis dahin vergessen“, wäre seine Botschaft für Klara, dass es ein Makel oder gar ein lebenslanges Schicksal ist, ein Pflegekind zu sein. Und eine solche nicht hilfreiche Haltung würde so auch Klaras eigene Haltung zu ihrer Lebensgeschichte negativ beeinflussen.
Der Pflegevater hat in unserer Geschichte aber eine hilfreiche und selbstbewusste Haltung zu seiner Pflegetochter Klara, um sie zu unterstützen. Er betont den Zusammenhalt der Pflegefamilie als sicher sowie das gemeinsam Erreichte und Geschaffte (Integration, Verarbeitung, korrigierende Erfahrungen). Damit zeigt er, dass Pflegeeltern zu „richtigen“ Eltern werden können und diese Beziehungsqualität über Raum und Zeit Bestand hat. Und dabei spricht er Klaras Start in der Pflegefamilie realistisch („... angekommen als ein Häufchen Elend“) und ganz offen – ohne Abwertung der leiblichen Eltern – aus. Und gibt so diese selbstbewusste, klare Haltung an seine Tochter weiter.
Klara zu coachen hinsichtlich ihrer Reaktion auf die Mitschülerin ist ebenso ein guter erzieherischer Ansatz des Pflegevaters. Er sammelt mit ihr verschiedene Reaktionsmöglichkeiten, rät ihr, sich Zeit zu lassen und nachzudenken, damit sie sehen kann, welche Reaktion zu ihr passt und sich richtig für sie anfühlt und die sie gegenüber den anderen Mädchen vertreten kann.
Im Ergebnis zeigt die Erfahrung: Je klarer und selbstbewusster Pflegeeltern mit der Rolle eines Pflegekindes umgehen, desto selbstsicherer gehen auch Pflegekinder damit um.
Zum Schluss: Entgegen der nicht seltenen Annahme, dass für die Biografie-Arbeit stets eine direkte persönliche thematische Auseinandersetzung der Pflegekinder mit ihren leiblichen Eltern zwingend erforderlich sei, zeigen die jahrelan-

3 Vgl. „Paul und die Angst vor dem Arztbesuch“. In: Hardenberg et al. (2. Auflage, 2022)

gen Erfahrungen im Pflegekinderwesen andere Erkenntnisse – entscheidend ist nämlich, dass das Pflegekind von den Pflegeeltern angenommen und verstanden wird und neue korrigierende Erfahrungen machen kann. Auch in psychotherapeutischen Behandlungen können Aufarbeitungen von schädigenden Erfahrungen und korrigierende Erfahrungen gelingen ohne die direkte Gegenwart oder persönliche Auseinandersetzung mit den Verursachern (vgl. „Biografiearbeit setzt nicht eine Einbeziehung der Verursacher in die Verarbeitungsprozesse voraus". In: Zenz, 2005).

Es gibt sehr viele verschiedene und komplexe Konstellationen im Pflege- und Adoptivkinderwesen, die dann unterschiedliche Formen der Biografie-Erklärung erfordern können. Dafür bedürfen Pflegeeltern gezielter beraterischer Unterstützung. Eine gelungene Biografie-Erklärung gibt einem Pflegekind mit Traumafolgen die Würde zurück – nämlich dass viele seiner emotionalen Auffälligkeiten angesichts des Traumas völlig verständlich sind.

Ein durch die Biografie-Erklärung für das Pflegekind entwickeltes biografisches Narrativ führt dazu, dass es seine Lebensgeschichte und Entwicklung realistisch verstehen und sich oder anderen erklären bzw. gegenüber anderen vertreten kann. Dies führt zu Klarheit, Selbstsicherheit und selbstbewussten Perspektiven – bildet also eine wichtige Grundlage für das Gelingen eines Pflegeverhältnisses.

Frühkindliche Hungererfahrungen von Pflegekindern und Folgen im Entwicklungsverlauf

von Oliver Hardenberg

Lena (S. 14)

Die Vorgeschichte „Lena und das Essen-Verstecken"[1]

Lena ist ein Kind, dem wir bereits im erstem Buch begegnet sind und das nun eine Jugendliche ist. Sie wuchs zu Beginn ihres Lebens in Verwahrlosung bei ihren alkoholkranken leiblichen Eltern auf und hatte nie die Sicherheit, ausreichend mit Essen und Trinken versorgt zu werden. Offensichtlich wurde sie nicht nur in diesem Bereich von ihren Eltern schwer vernachlässigt, sondern sie ist oft mit all ihren Grundbedürfnissen übersehen worden.

Mit Aufnahme in die Pflegefamilie zeigte Lena in der Übertragung panische Ängste wieder unversorgt zu sein, stopfte Nahrung in sich hinein, einmal dermaßen, dass sie erbrechen musste. Oder sie wurde sehr wütend und verzweifelt, wenn die Pflegeeltern ihr nicht unmittelbar ihr Grundbedürfnis nach Essen oder Trinken erfüllten. Irgendwann begann Lena, Essen zu horten, und versteckte eine Banane in ihrem Zimmer. Die Pflegemutter sah das, sprach sie darauf an, verstand ihr Verhalten und nahm es an, erlaubte ihr weiter, ein „Eichhörnchen" zu sein, bis Lena sicher war, dass die Pflegeeltern immer gut auf sie und ihren Hunger und Durst aufpassten.

1 Vgl. „Lena und das Essen-Verstecken". In: Hardenberg et al. (2. Auflage, 2022)

Lena zehn Jahre nach Aufnahme in die Pflegefamilie

In dem regelmäßig stattfindenden Hilfeplangespräch im Jugendamt mit der zuständigen Jugendamtsmitarbeiterin, der Beraterin der Pflegefamilie und den Pflegeeltern zeigen sich die erfreulichen Entwicklungen Lenas. Es ist ein gegenseitiges tiefes Vertrauen entstanden und Lena sieht sich und ihre Pflegefamilie als „ihre Familie". Lena ist selbstbewusst, äußert frei Wünsche, stellt Forderungen, vertritt offen ihre Meinung und hat einen starken Willen. Sie hat lernen können, in Konflikten ihre Wut oder ihren Ärger deutlich, aber auch angemessen auszudrücken.

Ihre Identität (vgl. Nienstedt, Westermann, 2007, S. 238ff) ist geprägt durch annehmende, bedürfnisbefriedigende und liebevolle Erlebnisse mit ihren Pflegeeltern, die dann zu verinnerlichten korrigierenden und gesunden Erfahrungen zur Verarbeitung von Vernachlässigung und Gewalt wurden. Lena hat ihre Pflegeeltern zu ihren Eltern gemacht, ihre Normen, Werte und Ideale übernommen, und ist so ihr Kind geworden.

Lenas Ablösekrise im Jugendalter

Typisch für das Jugendalter ist, dass sich Jugendliche über den Prozess der Distanzierung von ihren Eltern ablösen. Dies kann geschehen durch andere Normen, Werte und Ideale, durch starke Orientierung an ihrer Peergroup, durch Kritik und Konflikte und durch eine gewisse herablassende Überheblichkeit. Die kritische Abwertung der Vorlieben, Hobbys und Anschauungen der Eltern sowie die starke Orientierung an Gruppen oder rebellisches Verhalten dienen dem Aufbau der eigenen, unabhängigen Identität und führen später hin zum

selbstbestimmten, eigenständigen Erwachsenen. Dabei können die Konflikte zwischen Eltern und Jugendlichen beide bis an die Grenze ihrer Belastbarkeit bringen und dennoch sollten alle sorgsam darauf achten, dass die Verbindung an sich nicht infrage gestellt wird.
Dieser Ablöseprozess sollte also von Pflegeeltern ausgehalten und sicher begleitet werden ohne generelle Infragestellung der Qualität der Eltern-Kind-Beziehungen. Gleichzeitig führt dieser Prozess zu einer Form von Entfremdung. Es ist daran zu denken, dass Pflegekinder sich schon einmal elternlos fühlten und diese Ängste unbewusst wieder aktualisiert werden können. Damit können auch wieder alte – von den Pflegeeltern eigentlich überwunden geglaubte – Verhaltensauffälligkeiten reaktiviert werden.

Lena hatte die Versorgungspanik in der Pflegefamilie weitgehend überwunden. Sie konnte durch jahrelange Erfahrung der Annahme und Würdigung ihres Traumas Vertrauen entwickeln. Wichtig war dabei das Aushalten und Begleiten ihrer Emotionen wie Angst und Entsetzen sowie ihrer Wut gegen Erwachsene, die ein kleines Kind nicht mit Essen und Trinken versorgen. So entstanden neue korrigierende Erfahrungen mit den Pflegeeltern, die sie nach und nach stabil verinnerlichen konnte. Und damit war das Stopfen und Horten von Essen für sie nicht mehr erforderlich und sie hatte sogar gelernt, zeitweise Hunger und Durst zu haben, ohne in Panik zu geraten.

In der Ablösekrise taucht bei Lena jetzt wieder der Drang auf, sich selbst versorgen zu müssen bzw. das Erleben, allein ohne Eltern zu sein und damit – wie oben beschrieben – kann das unbewusste Gefühl wieder entstehen, sich auf Erwachsene nicht verlassen zu können. Dies treibt Lena wieder zum Horten oder Verstecken von Lebensmitteln – wie früher als jüngeres Kind.

Die Pflegeeltern reagieren stark verunsichert und fragen sich, was sie falsch gemacht bzw. ob sie nichts geschafft haben oder vielleicht „alles letztlich doch genetisch bedingt ist". Sie stellen infrage, ob Lena sich überhaupt richtig entwickeln konnte. Lena spürt diese Verunsicherung der Pflegeeltern, ist genervt davon und gegenseitige Konflikte entstehen, die an dem eigentlichen Thema vorbeigehen.

In der Gesamtschau ist hier die Wiederbelebung – überwunden geglaubter – früher Verhaltensauffälligkeiten nämlich eigentlich ein gutes Zeichen. Denn die Tatsache, dass Lena sich integrieren konnte, sichere und stabile Beziehungen zu ihren Pflegeeltern aufbaute und frühe traumatische Erfahrungen überwinden konnte, ist die Basis für die Phase der Wiederbelebung. Wäre es keine gelungene Integration, wären die Hungerängste durchgehend dominierend gewesen bzw. hätte es keine Phase der Besserung und des Vertrauens in die Pflegeeltern gegeben. Insofern deutet die Phase der Wiederbelebung auf einen typisch verlaufenden günstigen Ablöseprozess hin.

Zudem bietet ihr die Wiederbelebung erneut die Chance, die Korrektur der frühen Verwahrlosungserfahrungen weiter zu stabilisieren. Wenngleich der Zustand von Lenas Zimmer an vermüllte Wohnungen alkoholkranker Menschen erinnern könnte, muss dies nicht zwangsläufig eine Reinszenierung sein. Es gibt solche Zimmer auch bei Jugendlichen ohne traumatische Erfahrungen.

Die Pflegeeltern tauschen die Joghurtbecher in Lenas Zimmer aus. Warum?

Mit Lenas neuerlichem Horten stehen jetzt nicht „normale" Erziehung und Auseinandersetzungen im Vordergrund, sondern wieder der Umgang mit Problemen und Auffälligkeiten infolge traumatischer Erfahrungen. Durch die Aufklärung der Mitarbeiterin des Jugendamtes und der Fachberaterin sind die Pflegeeltern zunächst erleichtert, weil sie mit dem Verstehen der Gründe für Lenas Verhalten eine andere Haltung, einen anderen Blick und emotionalen Abstand finden. Die Pflegeeltern können einen anderen Ansatz im Umgang mit Lena entwickeln und müssen sich nicht selbst in ihrer Erziehung infrage stellen. Dadurch entspannt sich die familiäre Situation spürbar bzw. wirkt sich auch auf Lenas Empfinden positiv aus.

Ohne mit Lena zu sprechen, handeln sie jetzt mit ihrer neuen Haltung zum Essen-Verstecken und schlagen schon früher erfolgreiche Wege ein (vgl. die versteckte Banane). Dies kann besonders von einer Jugendlichen respektvoll erlebt werden, will es doch nicht mehr Erziehung oder gar Quasitherapeutisches erfahren. Lenas kleines Lächeln zeigt aber die unausgesprochene Ebene gegenseitiger Wertschätzung.

Wird Lena durch das Verhalten der Pflegeeltern zu sehr verwöhnt, nicht richtig erzogen und zu was kann das führen?

Im Umgang mit der Korrektur traumatischer Erfahrungen steht diese Sorge erfahrungsgemäß nicht im Vordergrund. Anders wäre es, wenn in alltäglichen Situationen immer so mit Lena umgegangen würde. Denn im familiären Alltag wie auch außerhalb der Familie nehmen Regeln, Anforderungen, Konflikte und Konfrontationen natürlich eine wichtige Rolle ein.
Die traumasensible Haltung führt im Übrigen zum Erlernen eines respektvollen und annehmenden Umgangs im Bereich kritischer Erfahrungen und Situationen, den Lena später auch auf andere Beziehungssituationen übertragen kann.

Die Erfolge in der Entwicklung Lenas geben zudem dieser Mischung in der erzieherischen Haltung, dem Verhalten im Alltag und in traumasensiblen Situationen recht. Gleichzeitig heißt es nicht, dass mit dem Gelingen der Integration und folgender Ablösung alle Probleme, Ängste und Auffälligkeiten vollkommen verschwunden sind. Aber mit der Kenntnis um die guten Gründe und den erfolgreichen Umgang mit aufkommenden Ängsten, können Pflegekinder gut damit leben lernen.

Überangepasstes Verhalten traumatisierter Pflegekinder

von Oliver Hardenberg

Robin (S. 18)

Warum sind Begleitung, Beratung und Unterstützung für Pflegeeltern wichtig?

Zunächst einmal ist es eine sehr anspruchsvolle und verantwortungsvolle Aufgabe für Pflegeeltern, ein Pflegekind mit traumatischen Erfahrungen aufzunehmen. Dafür ist ein psychologisches und pädagogisches Grundwissen über Pflegekinder erforderlich, das Pflegeeltern schon vor der Aufnahme in Schulungen gezielt vermittelt werden sollte. Nach Aufnahme eines Pflegekindes werden neben diesem Wissen häufig hohe Anforderungen an die Persönlichkeiten der Pflegeeltern gestellt, für deren Erfüllung sie der Unterstützung des Jugendamtes bedürfen. Sehr spezielle Situationen im Alltag, wie Umgang mit kindlicher Panik, eskalierender Wut, Verweigerungen oder selbstverletzendem Verhalten, erfordern fachpädagogische bzw. fachpsychologische Beratung (z. B. durch Jugendhilfeträger). Der Gesetzgeber hat im SGB VIII aus gutem Grund das Recht von Pflegeeltern auf Unterstützungen verankert. Solche können neben den Hilfen durch den Pflegekinderdienst im Jugendamt in Form von Gesprächskreisen für Pflegeeltern, von Beratung und Begleitung in der Pflegefamilie, von Weiterbildungsseminaren oder von Pflegeelternverbänden erfolgen.

Beispielsweise dienen moderierte Gesprächskreise (vgl. Robins Pflegemutter beim Pflegeelternfrühstück im Jugendamt) dem Austausch von Erfahrungen der Pflegeeltern. Dabei sind auch gegenseitige Unterstützung, manchmal auch Beruhigung, Zuversicht und Zuspruch innerhalb dieser Gruppe möglich. Die Teilnehmenden können von Vorschlägen und Ideen anderer Pflegeeltern profitieren und stehen somit nicht allein da.

In der fachlichen Beratung können Zusammenhänge zwischen den biografischen Erlebnissen und den Auffälligkeiten in der Pflegefamilie gemeinsam gefunden werden, um den Pflegeeltern und dem Pflegekind passgenau helfen zu können. Des Weiteren dienen die Fachgespräche dazu, die biografischen Daten und die Erlebnisse des Kindes zusammenzutragen. Fachkräfte im Pflegekinderwesen verfügen über spezielle Kenntnisse für die Integration und Gesundung des Pflegekindes, schätzen ein, wann welche Klärung, Diagnostik oder Therapie anzuraten ist (Hardenberg, 2024b, unveröffentliches Vortragsmanuskript), und kennen meist vor Ort die entsprechend kompetenten Anlaufstellen (qualifizierte differenzierte Diagnostik eines Pflegeverhältnisses durch unterschiedliche Professionen). Besonders hilfreich ist für Pflegeeltern eine Beratung, die aufzeigt, was für den Familienalltag konkret und praktisch hilfreich bzw. umsetzbar sein kann. So können Pflegefamilien bei Problemen oder in Krisen neue Wege aufgezeigt werden und neue Unterstützungen für die Pflegefamilien und -eltern gefunden werden. Dies hilft auch, die Auffälligkeiten des Kindes nicht persönlich zu nehmen. Und am wichtigsten ist, eine förderliche Haltung für das Pflegekind einzunehmen. Dabei geht es nicht immer nur um auffällige Probleme, sondern auch um positive gemeinsame Erlebnisse und Erfahrungen sowie die Förderung der Interessen und Begabungen des Kindes.

Warum verhält sich Robin dienerhaft?

Robin wurde über fünf Jahre durch die leibliche Mutter nicht nur nicht geliebt, sondern fortgesetzt massiv entwertet, abgelehnt und damit entwürdigt. Dies hatte durchgehend die Qualität schwerwiegender psychischer Gewalt, die eine Form der Kindesmisshandlung darstellt. Seine leibliche Mutter reagierte sehr gereizt und ihn schwer beleidigend, er konnte ihr nichts recht machen und sie entwickelte ihm gegenüber Aggressionen und Hass in massiver Art, weil sie in Robin seinen von ihr gehassten Vater sah.
Robin musste in dieser aussichtslosen Situation einen Schutz für sich aufbauen, um durch seine Ängste, seine Ohnmacht und seine Hoffnungslosigkeit – im wahrsten Sinne des Wortes – nicht verrückt zu werden und um sich einen Rest von Selbstachtung und Würde zu bewahren. Um zu versuchen, zumindest das Gefühl von Kontrolle für sich über die gefährliche Situation herzustellen, wählte er den Weg, sich dienerhaft zu verhalten. Einen Weg, in dem er der Mutter alles recht zu machen versuchte, um ihr dadurch keinerlei Anlass für Ärger oder Belastung zu geben. Ein solcher Anlass hätte nämlich stets dazu geführt, noch mehr Hass und Aggression durch sie zu erfahren (Entwicklung einer Angstbeziehung).

Durch das dienerhafte Verhalten entstand für ihn zudem die Hoffnung, dass er sich eines Tages so perfekt verhält, dass seine Mutter nicht mehr so vernichtend böse zu ihm ist, und genau diese Hoffnung gab ihm dann die Kraft, weiter seelisch durchzuhalten (Dynamik einer Hoffnungsbeziehung).

Was ist mit Überanpassung gemeint?

Pflegekinder mit überangepasstem Verhalten sind Kinder mit schweren Vernachlässigungs- und Gewalterfahrungen, die in hochpathologischen Beziehungen mit Eltern aufgewachsen sind und gefangen waren. Irgendwann beginnen sie, *ihre eigene Wut gegen die Eltern* aufgrund der erlebten Abwertung, Gewalt, Gefühlskälte und Demütigung *gegen sich selbst zu richten.* Für diese Kinder erscheint es einfacher, sich selbst zu schlagen und zu denken: „Ich bin ein schlechtes (sprich wertloses) Kind“, oder: „Ich bin ein Scheißkind“ (Identifikation mit der Ablehnung durch die Eltern). Denn die Wut gegen die Eltern zu richten, würde zu noch mehr Hass und Wut der Eltern gegen das Kind führen.

Um die gereizten oder hasserfüllten Eltern zu beschwichtigen, versuchen die Kinder mit ausdauernder Mühe lieb und unkompliziert zu sein (vgl. Robin beim Essen), bloß nicht anzuecken, und sind bereit, alles zu tun, was man von ihnen erwartet und mehr noch darüber hinaus (Aspekt des dienerhaften Verhaltens im vorauseilenden Gehorsam). Sie sind stets auf der Hut, immer misstrauisch und hochsensibel in Richtung Wünsche und Erwartungen der Eltern. Als oft ausgesprochen gute Beobachter versuchen sie, Gefahren vorauszusehen und Kontrolle über die Unberechenbarkeit der Eltern zu erlangen. Um überhaupt noch eine Hoffnung für ihr weiteres Leben aufzubauen, reden sie sich quasi ein, wenn sie alles gut und richtig machen, wird es eines Tages besser und sie werden endlich gut behandelt oder vielleicht sogar geliebt. So entwickelt sich aber natürlich keine seelische Stabilität, sondern ein sogenanntes „falsches Selbst". Folgen sind vielfach schwere Beziehungs- und Interaktionsstörungen und sich entwickelnde Symptome wie Ängste, Erschöpfung, Depressivität, mangelnde Selbstliebe und eine Impulskontrollstörung durch zeitweiligen Kontrollverlust.

Was löst Robins dienerhaftes Verhalten bei seiner Pflegemutter aus?

Übertragungsreaktionen traumatisierter Pflegekinder führen zu Gegenreaktionen und Gefühlen bei Pflegeeltern. Robin überträgt seine schrecklichen Erfahrungen mit seiner leiblichen Mutter auf die Pflegemutter, verwechselt sie situativ perfekt und verhält sich dann stark untergeordnet und dienerhaft. Die Pflegemutter nimmt dies wahr, spürt, dass etwas nicht stimmt und nicht „normal" ist. Robin nimmt eine gehemmte Dienerrolle an, anstatt sich als Kind mit eigenen Bedürfnissen, Wünschen, Ärger, Enttäuschungen, Forderungen offen und frei zu zeigen. Oder sein Genervtsein oder seine schlechte Laune auszuleben, wie es normalerweise Kinder nun mal auch tun. Erfreulicherweise nimmt die Pflegemutter hier wahr, dass etwas nicht stimmt, und denkt eben nicht, dass Robin ein ganz tolles und liebes „Vorzeigekind" ist. Dieses wäre bei seiner Vorgeschichte auch nicht logisch. Nicht selten wird die Überanpassung als Ressource fehlinterpretiert, mitunter mit fatalen Folgen für die seelische Entwicklung des Kindes.

Die Pflegemutter empfindet durch die traumabedingten Beziehungs- und Interaktionsauffälligkeiten Robins seine Distanz zu ihr und sorgt sich, dass es an ihr liegt, sie vielleicht nicht die richtige Pflegemutter für Robin ist (Aspekt des Persönlichnehmens der Traumafolgestörungen des Kindes seitens der Pflegeeltern). Oder aber Robin implementiert in der Reinszenierung sogar seine erfahrene Ablehnung durch die leibliche Mutter in die Pflegemutter.
Die Pflegemutter spürt, dass Robin Angst vor ihr hat bzw. seine Beziehung durch die Übertragungen zu ihr von Angst geprägt ist. Dies bedeutet aber nicht, dass er sich nicht doch auch auf sie als Mutter einlassen und sich in einem Bindungs- und Beziehungsprozess mit ihr befinden kann. Beim Pflegevater verhält sich Robin viel offener und direkter, denn die Vaterrolle ist für Robin nicht angstbesetzt. Die dargestellten Unterschiede der Beziehungsqualitäten zu den Pflegeeltern bedeuten eben nicht, dass Robin sich dem Pflegevater stärker verbunden fühlt als der Pflegemutter, sondern zunächst erst einmal nur, dass die Mutterrolle erfahrungsbedingt für ihn hoch angstbesetzt ist.

Typischerweise kommt es in solchen Konstellationen gelegentlich vor, dass das überangepasste Kind doch einmal seine Kontrolle verliert und seine Aggressionen kurz massiv ausbrechen oder es autoaggressiv reagiert. Sehr schnell versuchen die Kinder dann aber die Kontrolle wieder zurückzuerlangen, um sich anschließend noch untergeordneter zu verhalten und sogar Selbstbestrafungstendenzen aufzuweisen.

Was löst die Aufklärung über die Biografie Robins durch das Jugendamt bei der Pflegemutter aus?

Selbst wenn die Pflegemutter bei Aufnahme Robins vorinformiert war, sind die konkreten Inhalte aus der Zeit, als Robin bei der leiblichen Mutter lebte, für sie schockierend. Es belastet, dies zu hören, umso mehr, da die Pflegemutter jetzt mit dem Jungen, der diese Gewalt erleben musste, zusammenlebt und sie miteinander verbunden sind. Und tagtäglich zeigt sich, zu welchen Folgeproblemen in der Pflegefamilie die Erfahrungen Robins führen. Die hauptsächliche emotionale Belastung von Pflegeeltern entsteht nämlich dadurch, dass sie tagtäglich und hautnah die Folgen der Misshandlungserfahrungen des Kindes durch seine Stimmungen und sein Verhalten erleben. Gerade an dieser Stelle bedürfen Pflegeeltern fachgerechter Beratung, Begleitung und Unterstützung. Nicht selten fragen sich Pflegeeltern und ihre älteren leiblichen Kinder, wieso das Elend eines Kindes – wie bei Robin – erst so spät mit fünf Jahren entdeckt wurde bzw. warum ihm erst so spät geholfen wurde.

Für die Pflegemutter sind die Aufklärungen durch das Jugendamt wichtig, weil sie nun die Zusammenhänge besser verstehen und vor Augen haben kann. Es entwickelt sich so eine andere Sicht auf das dienerhafte Verhalten und die Pflegemutter sieht die Not und das Elend hinter dieser Auffälligkeit. Dieser Prozess führt zu einer anderen Haltung der Pflegemutter, die von Pflegekindern dann oft unmittelbar wahrgenommen wird, und der Weg für eine neue Entwicklung ist gebahnt.

Ist es nicht irritierend, wenn die Pflegemutter „therapeutisch" mit Robin spricht? Versteht das ein Kind überhaupt?

„Ich glaube, du denkst, du musst immer ganz lieb und brav zu mir sein." – „Was könnte denn passieren, wenn du mal nicht lieb und brav bist?" – „Denkst du, ich könnte dann ausrasten und dich anbrüllen?" – „Vielleicht schützt du dich ja durch dein Liebsein."
Diese Formulierungen können für Leser formell oder untypisch wirken, aber sie sollen aus unserer Sicht Ideen zeigen, in welche Richtungen Pflegeeltern das dienerhafte Verhalten eines Pflegekindes nach und nach kommentieren und begleiten können. Da werden Pflegeeltern ihre eigene Sprache, Gestik und Mimik mit dem Kind finden, um dem Kind seine guten Gründe verständlich zu

machen. Dabei geht es nicht im Kern um kluge Deutungen, sondern um eine traumasensible Haltung der Pflegeeltern, die beim Kind emotional ankommt. Kommentierungen sind oft nur ein erster Anfang und der Einstieg in korrigierende und neue Erfahrungen.

Diese Form des Umgangs muss sich im Verlauf des Zusammenlebens mit dem Pflegekind entfalten, stimmig, angemessen zur passenden Zeit stattfinden und sich auch richtig „anfühlen". Ziel ist also, dass Pflegeeltern die angemessenen Worte in der eigenen Sprache finden, weil sie schließlich ihr Pflegekind am besten wahrnehmen und kennen. Das ist als hilfreiche Haltung wichtiger, als nach einem „Rezept" oder einer „Anleitung" zu suchen.

Diese Ausführungen zeigen nun zum einen, welche Gründe hinter dem auffälligen Verhalten Robins stehen, welche guten Gründe er selbst hat, wie man mit seinem Trauma umgehen kann und welche Haltung man einnimmt, um seine Traumfolgen würdigen zu können. Zum anderen sollen Möglichkeiten aufgezeigt werden, die neue korrigierende Erfahrungen ermöglichen.
Es geht nicht um möglichst „geniale quasitherapeutische Schritte" zur Veränderung der Probleme, sondern um das wiederkehrende – manchmal jahrelange – Durchleben der Angst in der Übertragung auf die Pflegemutter, das Aushalten der Gefühle Robins im Sinne eines quasitherapeutischen Umgangs, der aber nicht bedeutet, dass Pflegeeltern sich im Alltag nicht auch normal erzieherisch verhalten können und sollen (Hardenberg, 2023, unveröffentlichtes Vortragsmanuskript).
Der Satz der Pflegemutter *„Ich bin die Erwachsene und du das Kind"* hilft dem Kind hingegen nicht wirklich, weil Robin diese Form der Eltern-Kind-Beziehung bisher gar nicht kennenlernen konnte und es im Gegenteil seine Überlebensstrategie war, seiner Mutter alles recht zu machen und sie zu seinem eigenen Schutz zu kontrollieren.

Die Pflegemutter wendet den Trick mit nicht gemochtem Brokkoli an, um Robin die Möglichkeit des Protests zu geben. Ist das so in Ordnung?

Das sollen Pflegeeltern und Fachkräfte für sich entscheiden und sie können diese Idee natürlich auch als etwas plump empfinden. Die Autoren finden es eine überwiegend gute Idee, weil Robin endlich einmal – zu Anfang der Aufarbeitung – die Chance bekommt, sich im Widersprechen zu üben und korrigierende Erfahrungen zu machen: Die Pflegemutter lehnt ihn nicht ab, sie rastet nicht aus, schickt ihn nicht weg. Im Gegenteil sucht sie eine gute Lösung für die Situation. Und dann kann auch ein gemeinsamer spielerischer Humor unterlegt sein, der die Szene etwas entschärfen kann. Spaß, Freude und Humor sind aus gutem Grund ein wichtiges Prinzip in der Traumapädagogik.

Selbstverständlich sollte alles liebevoll unterstützend und fördernd gemeint und nicht manipulativ gestaltet sein. Wichtig ist wohl die Frage, ob Robin, wenn man ihm in zehn Jahren von der Brokkoli-Szene erzählt, diese in der Rückschau gut nachvollziehen kann oder dazu sogar schmunzelt oder eher nicht.

Welche Möglichkeiten haben Pflegeeltern, ein Pflegekind in der Entwicklung eines gesunden Selbstvertrauens zu unterstützen und wie könnten weitere korrigierende und neue Erfahrung für Robin möglich werden?

Zunächst ist es hilfreich, Robins Hemmung, Angst und Scheu wahrzunehmen und verstehend zu begleiten, manchmal auch zu spiegeln, um zu vermitteln, dass die Verhaltensweisen bemerkt werden. Hilfreich wäre, wenn Robin und seine Pflegemutter in ihrer Beziehung spielerische Wut einüben würden (im Spaß meckern, motzen, frech sein, sich mal schlecht benehmen), um neue Spielräume für das Kind im Als-ob zu schaffen. Aber auch „Spaßkloppe" untereinander gestalten, wenn Robin sich darauf einlassen kann bzw. damit nicht überfordert ist. Es können auch indirekt mit Spielfiguren Konflikte eingeübt werden (z. B. eine Figur beschwert sich, die andere Figur reagiert unangemessen wütend darauf, und was dann?). Natürlich gibt ein gelingender Integrationsverlauf dem Kind ebenfalls Sicherheit und Halt, um sich langsam besser zu behaupten.

Das alleinige Delegieren des Lernens der gekonnten Wut an den Boxsack im Keller ist in der Regel nicht die beste Lösung, zumal Robin ja durchaus gegenüber dem Pflegevater offensiv reagieren kann: Robin muss Wutausdruck nicht von Grund auf neu lernen.

Robins Hemmung und Unterordnung ist in einer Beziehung (zur leiblichen Mutter) entstanden und kann durch neue korrigierende und neue Beziehungserfahrungen (mit der Pflegemutter) am besten verändert werden. Vielleicht wird Robin perspektivisch auch einer kindertherapeutischen Unterstützung bedürfen und dort auch seine pathologischen Erfahrungen aus der Herkunftsfamilie übertragen und korrigieren können, wobei aber zunächst die Entwicklung in der Pflegefamilie beobachtet, abgewartet und eingeschätzt werden sollte.

Wie neue Erlebnisse in der Pflegefamilie zu korrigierenden Erfahrungen werden

von Michael Greiwe

Ronja (S. 22)

Im Zusammenleben mit Pflegekindern gehen wir häufig selbstverständlich und auch irrtümlich davon aus, dass sie aus unserer Sicht alltägliche Situationen genauso erlebt haben und sie mit ähnlichen Vorstellungen verknüpfen wie wir.

Für Ronja sind die Situationen, Besuch zu bekommen, mit einer Freundin zu spielen, überhaupt eigenes Spielzeug zu besitzen aber nicht *„die normalsten Sachen der Welt"*. Für Pflegekinder können solche Ereignisse nicht nur vollkommen neu, sondern auch überfordernd sein.

Warum und womit ist Ronja im Spiel mit ihrer Freundin konkret überfordert?

Für Ronja bedeutet allein die Tatsache, selbst etwas zu besitzen und Besuch zu bekommen, Neuland und stellt damit eine große Herausforderung für sie dar. Desgleichen ist es für die Pflegeeltern eine Anforderung, dieses innere Erleben Ronjas wahrzunehmen und zu verstehen.

Ronja wurde durch ihre leiblichen Eltern emotional vernachlässigt und massiv verwahrlost. Tagtägliche Existenzängste ernährt, versorgt und gepflegt zu werden, traumatisierten sie und bewirkten ihre grundlegende Erfahrung, nichts wert zu sein. Dazu gehörte es eben auch, mit herumliegendem Müll, statt mit eigenem Spielzeug zu spielen. Auch um grundlegende Erfordernisse des Kindes kümmerte sich niemand (Kleidung, Wäsche, Pflegeartikel), sodass sie früh erlebte, dass Eltern in keiner Weise ihre Bedürfnisse achteten oder schützten.

Ronja eignete sich in ihrer Not Verhaltensstrategien an, Erwachsenen nicht zu trauen und allein auf sich aufzupassen.

Als sie in ihrer Pflegefamilie erstmalig eigene Puppen besitzt, geht sie wie selbstverständlich davon aus, dass auch die Pflegeeltern nicht auf ihre Puppen aufpassen (Übertragung) und ihre früheren Strategien zum Schutz werden aktiviert. Sie will das wenige, das sie nun besitzt, anderen gegenüber unentdeckt lassen und keinesfalls etwas davon abgeben.

Was bedeutet Teilen für Ronja überhaupt?

In dem Moment, als die Freundin ihre Puppen nimmt und damit spielt, sind sie für Ronja verloren. Sie überblickt nicht, dass sie ihre Puppen nach dem gemeinsamen Spiel wohlbehalten wiederbekommen wird. Panik steigt in ihr auf. Aber selbst wenn sie durch Erklärungen den geplanten Ablauf des Spiels verstehen würde, könnte sie dem nicht trauen und ihre Angst würde nicht gemindert.

Streng genommen bedeutet *„Teilen"* etwas dauerhaft abzugeben. Zutreffender wäre es daher in Ronjas Geschichte von *„Leihen"* zu sprechen. Ronja muss darauf vertrauen, ihre geliehenen Puppen wohlbehalten zurückzuerhalten. Sie steht damit vor einem unlösbaren Konflikt: einerseits mit ihrer Freundin spielen zu wollen und andererseits dadurch von ihrer verinnerlichten Strategie abweichen zu müssen, zwingend selbst ihren Besitz vor anderen zu schützen.

Ihre Not kann sich nicht nur im Bereich des Teilens zeigen: Im Alltag können ihre Verlustängste auch sichtbar werden, indem sie sich nicht von alten oder kaputten Sachen oder von nicht mehr passender Kleidung trennen kann. Desgleichen kommt es vor, dass betroffene Kinder ihr Eigentum verstecken oder verheimlichen oder ihr Zimmer stets abschließen.

Welche neuen korrigierenden Erfahrungen erlebte Ronja mit ihren Pflegeeltern?

Schnell versuchen Erwachsene, die Lösung solcher Probleme in der Sprache zu finden. Ohne den Wert, die Notwendigkeit und die erhebliche Bedeutung sprachlicher Interventionen anzuzweifeln, ist aber zu hinterfragen, ob mündliche Versprechen und Beruhigungen aus Sicht des Kindes allein weiterhelfen. Mit Sprache, Versprechen und verbalen Zusagen haben Pflegekinder in ihrer bisherigen Lebensgeschichte nicht selten schlechte Erfahrungen gemacht: Häufig haben sich Zusagen nicht erfüllt und Versprechen wurden gebrochen.

Im Zusammenleben mit Pflegekindern muss daher ebenso berücksichtigt werden, ob das Kind überhaupt verbalen Zusagen vertrauen kann. Man sollte sich selbstkritisch fragen, ob man gegenüber Kindern häufig die Sprache als erstes Mittel in der Interaktion wählt, weil man sich auf der sprachlichen Ebene sicherer fühlt.
Passend und hilfreich sind für Kinder vielmehr Erlebnisse im Spiel und gemeinsames Tun in der Beziehung mit ihren Pflegeeltern. Erfolgreich ist es, dem Kind korrigierende Erlebnisse nicht allein auf sprachlicher Ebene, sondern auch auf der Handlungsebene zu ermöglichen bzw. optimalerweise beide Methoden miteinander zu verknüpfen.

Die Kiste und der Schlüssel sind für Ronja der sichtbare und erlebte Schutz, der entscheidend dazu beiträgt, dass sie sich überhaupt darauf einlassen kann, ihre Puppen zu verleihen. Damit schafft die Pflegemutter eine Situation mit einer enormen Symbolkraft. Ronja kann ihr genau deshalb vertrauen, da die Sicherheit praktisch und konkret durch das Wegschließen ihrer Lieblingspuppen für sie erlebbar wird. Wiederholungen solcher Prozesse werden in der Zukunft dazu führen, dass Ronja sich und ihre Werte geschützt sieht. Eine solche Erfahrung erlaubt es ihr, sich nach und nach von ihren alten Strategien zu lösen und führt zu einer stabilen neuen korrigierenden Erfahrung.

Es wären aber für Ronja auch andere korrigierende Erfahrungen durch das Erleben möglich: So könnte es ein weiterer Lernschritt sein, das Tauschen von Gegenständen im Spiel oder in Wirklichkeit einzuüben und als eine Bereicherung zu erleben. Ebenso kann auch das Leihen geübt werden. Manchmal kann es erforderlich sein, das Leihen in kleine Schritte aufzuteilen: Zu Beginn könnte der verliehene Gegenstand immer in Sicht- und Reichweite des Kindes verbleiben; das Rückgabeversprechen kann mit ritualisierten Gesten oder Handlungen verknüpft werden; die Dauer der Leihe kann gesteigert werden.

Übt man das Schenken ein (*„Wir spielen Schenken!"*) kommt es im Erleben des Kindes tatsächlich zu einem erlebten, aber jetzt erträglichen Verlust. Dies kann vorsichtig mit gegenseitigen kleinen Geschenken beginnen, z. B. mit gepflückten Blumen.

In der Zusammenfassung ist es entscheidend, dass die Pflegemutter die **guten Gründe** ihrer Pflegetochter angesichts der Biografie des Kindes und aus dessen Sicht identifiziert und daraus passende Erlebnisse und Erfahrungen zur Korrektur entwickelt. Der Erfolg zeigt sich nämlich darin, dass sie damit ihre Tochter befähigt, sich angstfrei und offen auf den Spielkontakt einzulassen und tatsächlich emotional in der Lage ist, ihre Puppen an Charlotte auszuleihen.
Es bedarf allerdings stetiger Wiederholungen der korrigierenden Erfahrung über längere Zeit, manchmal sogar über Jahre. Ziel ist, dass das Kind selbst Vertrauen und Zutrauen in sein eigenes (neues) Handeln entwickelt und damit seine bisherigen Strategien ersetzen kann. Die wachsende innere Überzeugung eines Kindes, schwierige und herausfordernde Situationen aus eigener Kraft gut zu meistern, wird in Pädagogik und Psychologie als *Selbstwirksamkeit* beschrieben.

Ist ein solch hoher Anspruch für Pflegeeltern wirklich erfüllbar?

Beim ersten Besuch kommt der Streit der beiden Kinder für die Pflegemutter völlig überraschend und unvorbereitet, sie findet direkt keine Erklärung dafür. Die Situation droht zu eskalieren, da sich keine hilfreiche Lösung anbietet.

Sichtbar ist es jedoch für sie, dass eine Fortsetzung des Spielkontaktes kaum vorstellbar ist und ins Chaos führen würde. Daher bricht sie den Kontakt für diesen Tag und an dieser Stelle ab, um erst mal die Situation zu retten und die Emotionen deeskalierend zu regulieren. Für alle Beteiligungen stellt dies eine sinnvolle und hilfreiche Entscheidung dar und die Pflegemutter gewinnt Zeit für den weiteren Klärungsprozess. Natürlich ist auch die Pflegemutter über die Entwicklung des Besuchs von Charlotte enttäuscht, hatte sie sich doch einen schöneren Spielkontakt für ihre Pflegetochter gewünscht.

Eine solche Beendigung des Besuchs ergibt daher Sinn – sollte nur nicht endgültig sein, was auch den Kindern direkt mitgeteilt werden muss. Formulierungen für Ronja wie: *„Heute hat es nicht geklappt, ich habe noch nicht verstanden, warum Ihr so gestritten habt und warum du Charlotte nicht mit deinen Puppen spielen lassen konntest, wir klären es und versuchen es ein andermal!"*, wären hilfreiche Botschaften.

Auch das Kind hat nicht zwingend die Erwartung, dass neue Situationen auf Anhieb gelingen, stattdessen vielmehr den Willen, es so lange zu versuchen, bis es besser klappen wird. Typischerweise sind Kinder untereinander nach solchen Situationen weniger nachtragend, als Erwachsene es erwarten.

Wie wichtig sind dabei die Pflegeeltern als ein gutes Team?

Grundsätzlich ist es wichtig, dass Pflegeeltern aktuelle Entwicklungen und Ereignisse miteinander teilen und anhand der Biografie zusammen reflektieren. Die Erziehung eines Pflegekindes beinhaltet prinzipiell einen ausgesprochen offenen Austausch über eigene Wahrnehmungen, Gefühle und Einschätzungen. Besonders hilfreich ist es dabei, über nicht Verstandenes zu beraten und sich abzustimmen, und – insbesondere in kritischen Situationen – einen Ansprechpartner für das eigene Erleben zu haben.

Die Pflegemutter versucht gemeinsam mit ihrem Mann, Erklärungen für das auffällige Verhalten Ronjas zu finden. In diesem Fall gibt es die Besonderheit, dass sich die Biografie des Pflegevaters – obwohl er selbst nicht traumatisiert ist – mit der von Ronja in einem Punkt ähnelt. Vergleiche von Ängsten traumatisierter Kinder mit den biografischen Erlebnissen von Pflegeeltern sind grundsätzlich wenig hilfreich, da Ohnmacht und Angst in einem unverhältnismäßigen Bezug stehen. Gleichwohl hilft der Vergleich in dieser Konstellation einen besonderen Zugang zu Ronjas Ängsten zu finden und geeignete Lösungen zu suchen. Durch die Erinnerungen des Pflegevaters an seinen ersten Fußball und seine Schilderung, keinen eigenen Besitz gehabt zu haben, kann die Pflegemutter Ronjas Angst erkennen und verstehen.

Das **Konzept des guten Grundes** bedeutet voraussetzend, bei auffälligen Verhaltensweisen nicht zuerst die Frage zu stellen: *„Was tun wir jetzt?"*, sondern Fragen wie: *„Warum verhält sich das Kind so? Welche konkreten Ängste könnte es aufgrund seiner Biografie haben?"*
Den Antworten konnten sich die Pflegeeltern hier auf diesem Weg nähern. Andere Wege sind zum Beispiel, den Austausch mit anderen Pflegeeltern zu suchen oder die jeweilige Problematik in der Fachberatung zu thematisieren. Ebenso empfiehlt es sich, anhand von Fachliteratur zu recherchieren oder Seminare zu Verhaltensauffälligkeiten von Pflegekindern zu besuchen.

Durch den gemeinsamen Austausch gelingt es dann sogar, den gewünschten direkten Bezug zu der tatsächlichen Angst des Kindes herzustellen und es kommt zu der entscheidenden Idee: *„Wegschließen könnte eine Idee sein"*.

Die Bedeutung des sicheren Aufwachsens im Erleben der Pflegefamilie

von Michael Greiwe

Leon (S. 26)

Leon ist ein Kind, das bei seinen leiblichen Eltern keinerlei Sicherheit und Geborgenheit erlebte und dessen Geschichte bereits im ersten Buch[1] erzählt wurde.
Mittlerweile lebt er bereits seit fünf Jahren bei seinen Pflegeeltern, die für ihn längst zu seinen (sozialen) Eltern geworden sind.
Die Aufnahme durch seine Pflegeeltern stellte für ihn die Chance auf eine sichere Lebensperspektive in einer neuen Familie dar. Durch erlebte Annahme, Liebe, Zuverlässigkeit und Verständnis konnte Leon seine anfängliche Distanzlosigkeit ablegen und sich auf seine Pflegeeltern als seine neuen Eltern einlassen. Dieser gelungene Prozess sowie seine positive Entwicklung mündeten sowohl für ihn als auch für seine Pflegeeltern in einem starken und selbstverständlichen Zugehörigkeitsgefühl. Eine neue, gesunde elterliche Beziehung entstand.
Seine leibliche Mutter zog sich von sich aus zurück. Alle Informationen, die Leon von seinen Pflegeeltern, dem Jugendamt und seiner leiblichen Mutter erhielt, spiegelten ihm klar wider, dass alle sein dauerhaftes Aufwachsen in der Pflegefamilie befürworteten.
Im Großen und Ganzen wurde in der Entwicklung immer offensichtlicher, wie gelungen und selbstverständlich sie als Familie zusammenleben. Vieles hat sich eingespielt und ist zur Routine im familiären Alltag geworden.

Auch aus Sicht der Pflegeeltern ist die dauerhafte Perspektive Leons in ihrer Familie schon gar kein Thema mehr, zumal auch alle Fachkräfte diese Einschätzung teilen und stützen. Im Umkehrschluss bedeutet das aber nicht zwingend, dass Leon in dieser Frage nicht verunsichert werden könnte. Impulse, deren Bedeutung er nicht einordnen kann, können durchaus geeignet sein, erneut Verlustängste bei ihm auszulösen. Dabei können solche Impulse sehr verschiedenartig sein, auftreten und wirken. Auslöser für solche Zweifel können für ein Pflegekind besonders neuartige Impulse sein, die mit der Herkunftsfamilie in Verbindung stehen. Manchmal reicht schon eine Ankündigung, dass die Vormundschaft oder das Jugendamt zu Besuch kommen werden, um das Pflegekind massiv zu verunsichern oder – wie plötzlich bei Leon – die *„Welt wackeln"* zu lassen.
Selbst Leon, der von außen betrachtet eine maximale Sicherheit in der Pflegefamilie empfinden müsste, verbindet die Anfrage der leiblichen Mutter nach Kontakt zu ihm direkt und unmittelbar mit der Frage, ob er in der Pflegefamilie weiterleben kann. Der Auslöser ist allein, dass die Pflegemutter ihm fast beiläufig über ein familiengerichtliches Verfahren berichtet und den Besuch der Verfahrensbeiständin ankündigt. Die Pflegemutter klärt ihn auf, dass das Verfahren „nur" den Wunsch der leiblichen Mutter beinhaltet, ihn nach all den Jahren einmal zu treffen. Weder die an Leon adressierten Informationen, noch das Verfahren an sich stellen ja inhaltlich tatsächlich den Verbleib von Leon infrage. Dennoch lösen die Mitteilungen bei ihm aber unmittelbar starke Ängste aus, nämlich, seine Pflegefamilie verlassen zu müssen und zu verlieren.

Wie sehr solche Impulse ein Pflegekind verunsichern und Verbleibensängste auslösen können, beschreibt das ehemalige Pflegekind Janine Kunze in ihrer Autobiografie „Geschenkte Wurzeln" (2013, S. 80) sehr eindrucksvoll. Als sie davon hört, dass ihre leibliche Mutter den Wunsch äußert, dass Janine zu ihr zurückkehren solle, beschreibt sie die Situation wie folgt: *„Es hatte geklingelt! Ich erschrak mich ganz fürchterlich und ließ mich blitzschnell unter die Eckbank gleiten. Ich quetschte mich in die hinterste Ecke und machte mich so klein es ging. So konnte mich keiner sehen. Vielleicht passierte nichts, wenn sie mich einfach nicht fanden! Ich presste meine Hände auf die Ohren und kniff die Augen ganz fest zu."*

Warum sprechen Pflegekinder ihre Angst um den Verbleib so selten an?

Leons Angst die Pflegeeltern zu verlieren, ist für ihn so existenziell und dominiert seinen Alltag dermaßen, dass er sich wie gelähmt fühlt. Gleichzeitig erund durchlebt er wieder seine alten Vernachlässigungserfahrungen in der Herkunftsfamilie. Erinnerungen an seine frühere elternlose Zeit werden aktiviert, Hilflosigkeit und Schutzlosigkeit werden für ihn unverhofft wieder lebendig.
In einem solch intensiven Gefühlszustand fällt es vielen Pflegekindern schwer, die konkrete Verlustangst offen anzusprechen und um Hilfe zu bitten. Um das Thema erst gar nicht aufkommen zu lassen, vermeidet Leon es, der Pflegemutter die Frage zu stellen, ob er möglicherweise zur leiblichen Mutter zurückkehren und die Pflegefamilie verlassen soll. Zu schrecklich ist seine Befürchtung, dass ihre Antwort „Ja" lauten könnte. Die lähmende Angst führt nicht nur zu einer Inaktivität im Alltag, sondern auch zu einem Abschotten von sozialen Kontakten außerhalb der Familie.
Plötzlich ist Leon aber auch innerhalb seiner Familie in der Beziehung zu seiner Pflegemutter verunsichert, irritiert und verhält sich ambivalent: Zum einen sucht er zur Angstminderung und zur Absicherung der elterlichen Beziehung ihre Nähe; zum anderen zieht er sich innerlich aus der Verbundenheit mit ihr zurück, um sich vor dem befürchteten Verlustschmerz zu schützen – und damit wieder Kontrolle über die Situation zu erlangen.

1 Vgl.: „Leon und der Briefträger". In: Hardenberg et al. (2. Auflage, 2022)

Wie können Pflegeeltern die Angst des Pflegekindes bemerken und beantworten?

Ohne direkt einordnen zu können, warum Leon durch die für ihn so ungewöhnliche Art der körperlichen Nähe Beruhigung bei ihr sucht, erfüllt sie ihm diesen Wunsch – auch in der Hoffnung, besser verstehen zu können, was gerade mit ihm los ist. Es beginnt also damit, dass Pflegeeltern zum einen die Verunsicherung ihres Kindes spüren und sich zum anderen Gedanken über seine guten Gründe machen. Ziel ist es, das veränderte Verhalten des Pflegekindes richtig einzuordnen, um entsprechend richtige Antworten zu finden. Entscheidend ist dann im Weiteren für Leon, dass die Pflegemutter erkennt, dass sein aktueller Wunsch nach Nähe aufgrund einer Verängstigung im Rahmen des familiengerichtlichen Verfahrens entstanden ist.

Phasen, in denen Pflegekinder entweder die körperliche Distanz zu ihren Pflegeeltern auffällig minimieren oder sich stetig vergewissern, wo sich die Pflegeeltern aufhalten bzw. die Kinder ihren Radius rund um das Zuhause offensichtlich einschränken, können ernsthafte Hinweise darauf sein, dass ein Pflegekind in eine Verunsicherung geraten ist. Die Gründe dafür können jedoch unterschiedlicher Art sein – bei Leon ist es die Angst, zukünftig ohne seine Pflegeeltern leben zu müssen.

Pflegekinder haben sehr unterschiedliche Lebensgeschichten: Viele von ihnen haben bereits etliche Stationen wie z. B. Bereitschaftspflege oder Diagnostikgruppen durchlaufen. Überall wurden ihnen Mitteilungen zu ihrer Perspektive in Aussicht gestellt, die teils eingetroffen sind, teils eben aber auch nicht erfüllt wurden. Das heißt, dass ein Pflegekind dementsprechenden mündlichen Aussagen durchaus kritisch und zweifelnd gegenüberstehen kann. Allein eine sprachliche Beruhigung reicht also nicht immer aus, um das Kind abzusichern.

Wenn Pflegeeltern spüren, dass ihr Kind sich in einer solchen instabilen Phase befindet, so ist es nicht erforderlich, darauf zu warten, dass es sein Bedürfnis (bei Leon: nach Nähe) selbst anmeldet. Sie können von sich aus auf das Kind zugehen und ihm Halt und Geborgenheit geben und kommen ihm damit einen entscheidenden Schritt zuvor. Das Pflegekind erlebt Pflegeeltern, die vollkommen entgegen seinen bisherigen Erfahrungen mit Eltern seine Angst wahrnehmen und empathisch beantworten. Es erfährt, dass es auch ihr Bedürfnis ist, Verbundenheit und Zusammengehörigkeit zu spüren.

Wenn die Ursachen des auffälligen Verhaltens unklar sind, reicht es zunächst vollkommen aus, dem Pflegekind zu spiegeln: *„Irgendwie habe ich das Gefühl, dass du jetzt ein wenig Wärme und Zuwendung brauchst."* Das kann ein Weg sein, sich gemeinsam mit dem Pflegekind langsam seinem Thema und seiner konkreten Angst zu nähern. Gerade in der geborgenen und nahen Verbindung ist es für das Pflegekind leichter, sich zu öffnen und zu sagen, was los ist. Wenn der Grund der Problematik, wie z. B. bei Leon die Verlustangst, klar ist, ist es für ihn von größter Bedeutung, dass seine Pflegeeltern unmissverständlich klar machen, dass es auch für sie unvorstellbar und unerträglich wäre, nicht mehr mit ihm zusammenzuleben. Damit findet ferner eine überzeugende Solidarisierung der Pflegeeltern mit ihrem Kind statt. Leon erlebt sie als Verbündete gegen seine Angst. Und das genau macht Familie aus.

Im Fazit erlebt Leon neue korrigierende Erlebnisse mit Eltern, die auch in problematischen Situationen und Krisen sein Wohl in den Vordergrund stellen.

Pflegekinder mit FASD und ihr Schulbesuch

Ein Interview mit Gisela Michalowski von Oliver Hardenberg

Maya (S. 29)

Die **fetale Alkoholspektrumstörung (FASD)** ist ein Oberbegriff für Schädigungen von Menschen, die durch Alkoholkonsum der Mutter in der Schwangerschaft entstehen. Sie können sich durch Wachstumsauffälligkeiten, Gesichtsauffälligkeiten und Auffälligkeiten im zentralen Nervensystem (ZNS) zeigen. Intelligenzminderungen unterschiedlichen Grades, Entwicklungsstörungen der Sprache, der Motorik und schulischer Fertigkeiten, kombinierte Störungen des Sozialverhaltens und der Emotionen, Unruhe und Konzentrationsprobleme, Ängste und Aggressionen sowie Schlafstörungen können typische Auffälligkeiten im Kontext von FASD (komorbide Störungen) sein. Sie führen zu Einschränkungen und Behinderungen der Betroffenen während ihres gesamten Lebens, also in der Kindheit sowie im Jugend- und Erwachsenenalter.

Die geschätzte Prävalenz von FASD in Deutschland: 285.000 Kinder und Jugendliche, 1,5 Millionen Erwachsene bis 70 Jahre und jährlich 14.000 Neugeborene (Hoff-Emden, 2013). FASD ist häufig mit einer chronischen Traumatisierung verbunden. Daten zu FASD und Trauma am Sozialpädiatrischen Zentrum Leipzig zeigen bei 759 FASD-Patienten (5-Jahres-Zeitraum) zu ca. 63 % chronische traumatische Erfahrungen (ebd.). „Ein Großteil der Kinder, etwa 80 %, wird in den ersten Lebensjahren durch das Jugendamt in Obhut genommen. Viele von ihnen wachsen in Pflegefamilien auf. Etwa 23 % aller Pflegekinder haben ein FASD." (Landschaftsverband Rheinland, Landschaftsverband Westfalen-Lippe, 2017)

Im Durchschnitt wird FASD bei Kindern spät, nämlich erst im fortgeschrittenen Kindergartenalter oder in der Grundschulzeit diagnostiziert, da dann die Unterschiede zu gleichaltrigen Kindern ohne FASD sichtbarer werden (Jost, 2019).

Interview mit Dipl.-Soz. Päd. Gisela Michalowski, Vorsitzende FASD Deutschland e. V. (www.fasd-deutschland.de) und Mutter von vier erwachsenen leiblichen Kindern sowie Adoptivmutter, Pflegemutter und Erziehungsstelle von vier Kindern mit FASD

Hardenberg: In unserer Geschichte ist das Schulkind Maya ein traumatisiertes Pflegekind mit FASD. Passen die Auffälligkeiten Mayas zu Ihren langjährigen Erfahrungen mit Pflegekindern mit FASD?
Michalowski: Pflegekinder mit FASD nehmen den komplexen Schultag mit Lernen, Beziehungsgeschehen, Kommunikationen und Ereignissen ungefiltert auf, alles, was um sie herum passiert, und sind dann ganz häufig völlig überfordert. Diese Überforderung beantworten sie zum Beispiel mit Bewegung, mit Umherlaufen – wollen stets aber auch in jedem Geschehen mit dabei sein. Aufgrund ihrer fehlenden Filter nehmen sie alles insgesamt wahr, sind davon komplett eingenommen und können dann unter Umständen das Ende der Pause gar nicht mehr wahrnehmen.
Hardenberg: Der Klassenlehrer Mayas läuft ihr hinterher, weil er zum einen eine Verantwortung für jedes seiner Schulkinder hat, und zum anderen, weil der Unterricht für alle beginnen soll. Und wir haben die Geschichte so aufgebaut, dass der Klassenlehrer nicht weiß, dass Maya ein Kind mit FASD ist und wie sich überhaupt FASD auswirkt. So spricht er Maya direkt an: „So geht das aber nicht, du kommst jetzt mit!" Wie erlebt dies ein Kind mit FASD aus Ihrer Sicht?
Michalowski: Dies kann als Bedrohung wahrgenommen werden, weil Maya in diesem Moment die Stimme des Klassenlehrers als sehr gestresst erlebt. Würde der Klassenlehrer wissen, dass Maya ein Kind mit FASD ist und welche Hilfen diese Kinder mit FASD benötigen, würde er einen anderen Weg finden und gehen können. Er müsste versuchen, sie besser zu erreichen, weniger gestresst zu sein, lockerer zu reagieren, vielleicht die ganze Situation in ein Spiel umlenken, um Maya in die Klasse zu lotsen.
Hardenberg: Maya ist auch ein traumatisiertes Kind – sie wurde von ihrer leiblichen Mutter mit einer schweren Suchterkrankung (Alkohol und Drogen) schwer vernachlässigt sowie als Säugling geschlagen. Welche Reaktionen Mayas sind aus Ihrer Sicht traumabedingt und welche FASD-bedingt?
Michalowski: In dieser Geschichte ist das FASD ursächlich dafür, dass Maya die Situation auf dem Schulhof und mit dem Lehrer kaum verstehen, einordnen und sich nicht zurechtfinden kann und dabei hilflos ihrem Stress ausgesetzt ist. Sie weiß gar nicht genau, welches die Erwartungen an sie sind. Hinzu kommt, dass sehr viele Kinder mit FASD es nicht aushalten können, wenn sie berührt werden. Mayas frühe Misshandlungserfahrungen in Form schwerer körperlicher Gewalt führten zu existenziellen Ängsten und die strenge Ansprache des Lehrers und vor allem das Anfassen ihrer Schulter triggern Maya.
Hardenberg: Kann man unterscheiden, welche Reaktion Mayas auf FASD und welche auf ihre Traumata zurückzuführen sind?
Michalowski: In der Situation mit Maya ist es nicht genau zu differenzieren und auf jeden Fall beides zu berücksichtigen. Wir sprechen über Stress, Überforderung, Nicht-Verstehen von Erwartungen, fehlenden Überblick, Berührungsempfindlichkeit und eben auch über Traumatrigger.
Hardenberg: Ihrer Einschätzung nach überwiegt aber FASD in der Erklärung für Mayas Reaktionen. In welchen Konstellationen würden die Traumata eines Kindes mit FASD überwiegend die Verhaltensauffälligkeiten erklären?
Michalowski: Ein Kind mit FASD und zum Beispiel sehr negativen Erfahrungen mit dem leiblichen Vater kann diese auf den Pflegevater übertragen, kein Vertrauen zu ihm aufbauen und ihn auf Abstand halten.
Hardenberg: In Mayas Geschichte ist es anders, weil sie kein negatives Bild von ihrem Klassenlehrer hat, sie mag ihn. Folglich hat sie keine generalisierte Ablehnung bzw. negative Übertragung.
Michalowski: Stimmt. Sie hatte aber im Stress der konflikthaften Situation am Ende der Pause ganz vergessen, dass sie ihren Klassenlehrer mag.
Ein anderes Beispiel für eher traumabedingte Verhaltensauffälligkeiten ist das Horten oder Stopfen von Nahrungsmitteln eines Kindes mit FASD, das im Haushalt alkoholkranker Eltern unter schwerer Mangelversorgung litt. Wobei aber auch hier FASD eine Rolle spielen könnte, weil das Kind aufgrund kognitiver Einschränkungen Schwierigkeiten in der Bedürfnisregulation hat.
Hardenberg: Wie schätzen Sie die Reaktion der Pflegemütter Mayas ein?
Michalowski: Es ist richtig, dass die Pflegemutter dann Maya direkt von der Schule abholt, denn Maya hatte an diesem Tag genügend Stress und Nöte. Sie sollte dem Kind zu Hause erst einmal Ruhe geben, damit das Kind regenerieren kann. Wenn es machbar ist, kann man im Nachgang mit dem Kind sprechen und versuchen, die Situation zu rekonstruieren. Man kann versuchen, genau zu besprechen, was warum wie geschehen ist.
Hardenberg: In der Geschichte wenden sich die Pflegemütter an das Jugendamt und ihren FASD-Fachberater, um einen Termin mit dem Klassenlehrer zu vereinbaren.
Michalowski: Das ist genau der richtige Ansatz, dem Lehrer FASD und die Ursachen sowie das Verhalten des Kindes zu erklären. Viele Fachkräfte in der Kinder- und Jugendhilfe, Lehrkräfte, Schulassistenz, aber auch Psychiater, Psychologen und Pädagogen wissen immer noch nicht, was FASD ist und wie es sich auswirkt – hier besonders im Schulalltag.
Hardenberg: Dies deckt sich mit unseren Erfahrungen. Immer wieder hört man, dass FASD eine „Modediagnose" sei. Manche raten sogar davor ab, ein Pflegekind, bei dem der Alkoholkonsum der Mutter bekannt ist oder das be-

stimmte FASD-typische Auffälligkeiten aufweist, überhaupt auf FASD untersuchen zu lassen. Andere wiederum vertreten die Meinung, dass, wenn das Trauma in der Pflegefamilie überwunden ist, FASD keine wichtige Bedeutung mehr habe. Oder FASD liege nur dann vor, wenn man es anhand sehr starker körperlicher Auffälligkeiten (z. B. im Gesicht) sehen könne und eine schwerwiegende Intelligenzminderung vorliege.

Michalowski: Diese Erfahrungen mache ich leider auch immer wieder. FASD gibt es ohne Zweifel wirklich und es ist seit vielen Jahren national und international umfangreich wissenschaftlich erforscht. Und es liegen – zum Beispiel bei FASD Deutschland e. V. – seit über 20 Jahren neben den unterstützten Forschungsaktivitäten nicht mehr zu zählende Erfahrungen und Berichte über typische Entwicklungen und Auffälligkeiten von Menschen mit FASD vor.

Es folgen für Kinder mit FASD sehr negative Folgen, wenn FASD nicht erkannt und berücksichtigt wird. Es wird ihnen dann Unrecht getan, indem man ihnen unterstellt, dass sie nicht lernen wollen, obwohl sie in Wahrheit FASD-bedingt schlechter lernen können. Oder man unterstellt den Pflegeeltern, dass die Auffälligkeiten des Kindes nicht an FASD liegen, sondern an erzieherischen Problemen oder Defiziten der Pflegeeltern. Wenn man nicht weiß, dass ein Kind FASD hat, stellt man schnell viel zu hohe Erwartungen an das Kind in Hinsicht Lernen, Denken, Merken. Viele Kinder mit FASD können schlecht aus Erfahrungen lernen bzw. diese verinnerlichen.

Hardenberg: In der Geschichte mit Maya klärt der FASD-Berater alle Beteiligten über die Folgen von FASD in der Schule auf und die Pflegemutter veranschaulicht die frühen schweren traumatischen Erfahrungen. Die Jugendamtsmitarbeiterin unterstützt und ergänzt diese Informationen und schlägt eine Schulbegleiterin als Assistenz für Maya vor.

Michalowski: Ein sehr gut verlaufendes und konstruktives Gespräch mit einem Lösungsangebot des Jugendamtes. Denn für Kinder mit FASD ist gerade die Schule ein Ort, wo ihnen am meisten abverlangt wird und die höchsten Erwartungen gestellt werden. FASD führt dazu, dass Kinder schnell überfordert sind, weil sie nicht ausfiltern können, was jetzt gerade im Unterricht das Wichtigste ist. Alle Eindrücke und Geschehnisse in der Schule fliegen ungefiltert und ungebremst auf sie ein. Was ist jetzt wichtig, was ist zu beachten? Das Auto, das vorbeifährt, – die Banknachbarin, die sie anspricht, – der Schüler, der hinter ihr auf den Tisch klopft, – die unterschiedlichen Farben und Gerüche im Klassenraum oder die Ansprache des Klassenlehrers mit bestimmten Aufgaben, Anforderungen oder Regeln.

Hardenberg: So, wie Sie jetzt das Erleben und die Sicht eines Kindes mit den Folgen von FASD veranschaulichen, wird der Stress des Kindes unmittelbar deutlich und dass es in der Schule auf jeden Fall Hilfe braucht.

Michalowski: Die Schulbegleiterin – die idealerweise über FASD-Fortbildungen für Schulassistenz verfügen sollte – könnte Maya im Stress beruhigen bzw. koregulieren und manchmal Maya aus einer überfordernden Situation herausführen. Und sie könnte für Maya und die anderen Kinder in der Klasse oder auf dem Pausenhof eine Dolmetscherin sein. Kinder mit FASD werden gerade in den Schulpausen oft ausgeschlossen. Also könnte die Begleiterin Maya in ein gemeinsames Spiel mit anderen Kindern führen und sie unterstützen: „Hallo, hier ist die Maya, sie kann toll turnen und würde gern mit euch mitturnen. Lasst sie doch mal mitmachen." Sie kann aber auch Dolmetscherin für den Kontakt zwischen Maya und ihrem Klassenlehrer sein und gemeinsam mit ihm gute Lösungen suchen und gestalten.

Hardenberg: Was wäre aus Ihrer Sicht noch in der Schule für Maya zu beachten?

Michalowski: Die aufgenommene gute Kommunikation zwischen Klassenlehrer, Pflegemutter, FASD-Berater, Jugendamtsmitarbeiterin und Schulbegleiterin sollte fortgesetzt werden. Hatte Maya einen schlechten Start in den Tag, vielleicht einen Konflikt mit der Pflegemutter am Morgen, kann dies die Stimmung des Kindes für den ganzen Tag bestimmen. Da wäre es hilfreich, wenn die Schulbegleiterin es erfährt und bei Bedarf Mayas Verstimmung auch dem Lehrer erklärt. Oder in einer anderen Situation der Klassenlehrer vielleicht nach einem Konflikt mit Maya sich mit den Pflegemüttern abstimmen kann.

Wir dürfen nicht vergessen, dass Kinder mit FASD häufig ihr Leben lang Anleitung und Unterstützung in allen Belangen benötigen – dies gilt zum Beispiel auch für Körperpflege, Wechseln der Kleidung, aber auch zwischenmenschliche Interaktionen und Gefühlsausdruck. Wenn sie nicht regelmäßig angeleitet werden, vergessen sie auch ganz schnell typische Vorgänge im Alltag, wie zum Beispiel das Zähneputzen. Bisweilen ist zu beobachten, dass, wenn sie etwas Neues gelernt haben, etwas bereits Erlerntes aus ihrem Gedächtnis fällt.

Zum Ende des Interviews möchte ich unbedingt kurz erwähnen, dass FASD eine Fülle Komorbiditäten aufweist und auch körperliche Beeinträchtigungen, Anomalien oder Krankheiten nicht übersehen werden dürfen.

Hardenberg: Ihre umfangreichen fachlichen Kenntnisse über FASD und ihr beruflicher und privater großer Erfahrungsschatz zum täglichen praktischen Umgang mit Kindern mit FASD werden im Interview eindrucksvoll deutlich. Welche Literaturempfehlungen hätten Sie für Pflegeeltern?

Michalowski: Wir empfehlen „FASD und Schule" von Anne Schlachtberger und „Das FASD-Elternbuch" von Sabine Leipholz und Uwe Kamphausen, beide erschienen im Schulz-Kirchner Verlag.

Hardenberg: Wir halten fest: Kinder mit FASD haben gute Gründe für ihre Auffälligkeiten und bedürfen kontinuierlich guter, annehmender, unterstützender, strukturierender und korrigierender täglicher Begleitung in ihrem Alltag.

Herzlichen Dank für das informative Gespräch!

Typische Ängste traumatisierter Pflegekinder und ihre Linderung

von Oliver Hardenberg

Jeremy (S. 32)

Welche Formen und Ausprägungen kindlicher Ängste gibt es?

Ängste sind notwendig in der kindlichen Entwicklung. In Gefahrensituationen führt die Angst zu Vorsicht und Schutz- oder Fluchtreflexen. Zu Beginn des kindlichen Lebens muss das Kind – mithilfe der Eltern – nach und nach lernen, das Angstempfinden an die tatsächlichen Gefahren anzupassen (z. B. bei Angst vor Gewitterdonner). Wurde ein kleines Kind sehr schmerzhaft von einer Wespe gestochen, ist die Angst vor Wespen längere Zeit ein Thema, manchmal sogar ein Leben lang. Die Angst vor reellen Bedrohungen (Krieg, Straßenverkehr, Strom, Stürzen aus dem offenen Fenster, Feuer) nennt man Realangst.

Eine weitere kindliche Angst ist die Trennungs- und Verlustangst, insbesondere während der frühkindlichen existenziellen Abhängigkeit von den Eltern. Bei kleinen Kindern kann es die Einschlafangst bzw. die Angst vor dem Schlafen im eigenen Zimmer sein oder aber im Kindergarten die Angst, nicht abgeholt bzw. zurückgelassen zu werden. Parallel können auch psychosomatische Reaktionen wie Bauchschmerzen und Übelkeit auftreten.

Im Alter von drei bis fünf Jahren beeinflusst die „magische Phase" bzw. das „magische Denken" das kindliche Denken und Handeln. Alles, was das Kind denkt oder sich wünscht, kann in seiner Wahrnehmung wirklich eintreten. Hexen, Monster und Geister gibt es in dieser Phase für die Kinder genauso wie Osterhase und Weihnachtsmann. Das Kind entwickelt vielleicht die Angst, dass unter dem Bett ein schreckliches Monster wohnt. Oder es fürchtet, dass es in der Badewanne durch den Sog des Wassers in den Abfluss gerissen wird. Manchmal übernehmen Kinder auch Ängste der Eltern – z. B. vor einer Spinne –, entwickeln also Angst vor etwas, vor dem sie selbst zuvor keine Angst hatten.

In Familien können Ängste zudem durch schwierige Beziehungs- und Interaktionserfahrungen des Kindes mit den Eltern entstehen (z. B. überhöhter Leistungsdruck, Kränkungen, Liebesentzug, Über- und Untererregung, Kälte, Übermacht und Kontrolle, Abwertung, Desinteresse, Überbehütung, Überforderung, Überhöhung).

Kindliche Ängste können folglich verschiedenartige Ursachen und Auslöser sowie verstehbare Gründe aufweisen.

Welche Ängste sind typisch für Pflegekinder mit Erfahrungen von Vernachlässigung und seelischer, körperlicher und sexueller Gewalt?

Im Bereich von Vernachlässigung und Verwahrlosung sind es zum Beispiel Ängste vor Hunger und Durst mit der Folge von Strategien, Essen und Getränke zu horten und zu verstecken, um versorgt zu sein. Aber auch verschlossene Türen lösen bei früher eingesperrten Kindern massive Ängste aus. Oder das bindungs- und beziehungsgeschädigte Pflegekind klammert sich massiv an die Pflegeeltern und redet ununterbrochen von morgens bis abends, um die Angst vor dem Alleinsein oder vor Ruhe und Stille abzuwehren. Kinder mit Gewalterfahrungen, denen sie ohnmächtig und hilflos ausgesetzt waren (Erschütterung des Selbst- und Weltverständnisses), weisen viele Triggerpunkte auf. Erhebt beispielsweise ein Pflegeelternteil seine Stimme oder streiten sich die Pflegeeltern lauter, können Pflegekinder mit offensichtlichen Ängsten oder mit Angstabwehr reagieren, um von ihren Ängsten nicht überflutet zu werden. Um ihre Ängste zu mindern oder sie aushalten zu können, entwickeln Kinder dabei Strategien wie z. B. wegzulaufen oder sich zu verstecken.
In der Pflegefamilie können sich Ängste in der Übertragung traumatischer Erfahrungen auf die Pflegeeltern zeigen, in denen das traumatisierte Pflegekind unbewusst das Früher und das Heute perfekt verwechselt.

Jeremy erlebt am Abend immer wieder die Angst, dass ein böser Einbrecher kommt und alle zusammenschlägt. Solche Szenen kennt Jeremy von seinem leiblichen Vater, der oft betrunken am Abend nach Hause kam und gewalttätig wurde. Dies war und ist also für Jeremy eine sehr reale spezifische Angst und eben keine magische Angst. Jeremy hat also Angst vor neuerlichen Eskalationen, vor dem Eindringen eines gewalttätigen Betrunkenen in der Nacht. Diese Trigger sind am Abend für ihn gegenwärtig, in der Übertragung dominant und sowohl neurowissenschaftlich (Trauma und Gehirn) wie auch psycho-traumatologisch (Übertragung) erklärbar.
Und Jeremy erlebt in der Übertragung, dass ihm niemand helfen wird (fehlender Schutz durch seine leibliche Mutter bzw. sein damaliges Umfeld). Ein wichtiges Ziel in Bezug auf seine Pflegeväter ist also die Gewissheit: „Wenn der Betrunkene kommt, dann helfen die mir", die seine verinnerlichte kindliche Ohnmacht mindern würde.

Wieso sollen die Pflegeeltern mit Pflegekindern Rollenspiele zu den traumatischen Erfahrungen machen? Ist das nicht die Aufgabe von Kinderpsychotherapeuten?

Wenn Pflegeeltern sich von dem Kind an die Hand nehmen lassen, um seine traumatischen Erfahrungen, sein inneres Erleben und seine Ängste zu verstehen, war und ist dies im Pflegekinderwesen sehr erfolgreich. Und schließlich sind sie nicht nur die wichtigsten Vertrauenspersonen des Pflegekindes, sondern erleben insbesondere zu Beginn täglich die Ängste und Verhaltensauffälligkeiten im familiären Alltag und müssen per se darauf reagieren. Korrigierende Erfahrungen im Als-ob der Fantasie oder des Spiels zu schaffen, bedeutet eine reelle Chance darauf, dass die Folgen traumatischer Erfahrungen eines Tages erkennbar verarbeitet sind. Jenseits des sich vom Kind An-die-Hand-nehmen-Lassen können Pflegeeltern auch von sich aus hilfreiche Rollenspiele initiieren und sich dann im Rahmen des angeleiteten Spiels wieder vom Kind leiten lassen. So kann das Pflegekind mit dem Spiel zeigen, was es erlebt hat, und mit den Pflegeeltern in einen emotionalen Bewältigungsprozess gehen.

Im Spiel können Kinder also Rahmenbedingungen vorfinden, die es ihnen erlauben, auch angstbesetzte Themen zu benennen, die sie von sich aus im Gespräch oft nicht direkt ausdrücken können. Zusammenfassend können Rollenspiele in der Pflegefamilie ein Re-Inszenieren traumatischer Erfahrungen und die Suche nach der Bewältigung von damit korrespondierenden Ängsten bedeuten (Nienstedt, 2023).

Jeremy erzählt seinen Pflegevätern die traumatische Erfahrung in der Ursprungsfamilie durch seine abendliche Inszenierung. Er hat noch keine verstehenden Schutzpersonen verinnerlicht und folglich versucht er, indem er überprüft, ob Fenster und Türen geschlossen sind, selbst Kontrolle über die erlebte existenzielle Gefahr zu schaffen. Insofern dient die Inszenierung der mentalen Hygiene, verbunden mit der Prüfung, ob die Pflegeväter ihn verstehen, ernstnehmen und ihm helfen.

Die Bewältigung des erfahrenen Traumas kann auch durch das Nachspielen von bedrohlichen Situationen und Hinzufügen von neuen, korrigierenden Auflösungen der Situationen möglich werden. Damit kann sich das Gefühl der Ohnmacht lindern, mit der Folge, dass es weniger angstvoller Kontrolle bedarf. Denn der Wunsch nach Kontrolle ist für Pflegekinder oft ein zentrales Motiv. Die in schädigenden Beziehungen entstandene traumatische Angst kann in gesunden Beziehungen gelindert werden.
Wenn die Bedingungen des Pflegeverhältnisses günstig (Hardenberg, 2024a) und die Pflegeeltern auf Rollenspiele hinsichtlich des Traumas gut vorbereitet sind, dann ist es möglich, dass traumatisierte Pflegekinder ihre seelischen und körperlichen Verletzungen im Spiel gut verarbeiten. Im Idealfall zeigen diese Prozesse in der Pflegefamilie über die Jahre kontinuierliche Fortschritte in der Entwicklung des Kindes.
Dabei sollen Pflegeeltern sich dem Kind gegenüber aber nicht ständig nur in einer quasitherapeutischen Haltung verhalten. Auch traumatisierte Pflegekinder müssen im Alltag normal erzogen werden. Die quasitherapeutische Haltung soll auch nicht dazu führen, dass die Pflegeeltern sich der Wut des Kindes und den Konflikten mit ihm nicht stellen. Die quasitherapeutische Haltung dient einerseits dazu, das Kind zu verstehen und in kritischen Übertragungssituationen gute Lösungen zu finden und nachher mit Abstand vielleicht mit dem Kind zu reflektieren. Andererseits sollen Alltag einerseits und Übertragung des Traumas andererseits nicht verwechselt werden. Und es helfen nicht im Wesentlichen kluge Sätze und Deutungen für die Einsicht des Kindes, sondern elterliche Reaktionen mit der Haltung des Annehmens, des Haltens und Aushaltens mit Schaffung neuer korrigierender Erfahrungen für ein traumatisiertes Pflegekind. Demgegenüber führt eine Zurückweisung von Übertragungen und Regressionen des Kindes in der Pflegefamilie spätestens im Jugendalter zu ernsthaften Schwierigkeiten. Finden die Pflegeeltern und das Pflegekind diesen Zugang nicht oder die Pflegeeltern fühlen sich sehr unsicher oder überfordert, ist dies eine Indikation für eine notwendige Kinderpsychotherapie des traumatisierten Pflegekindes.

Welche korrigierenden Erfahrungen erfährt Jeremy bei seinen Pflegevätern?

Die Annahme seines Selbst, der gesunde Beziehungsaufbau und die Förderung Jeremys durch die Pflegeväter unterscheiden sich grundsätzlich von seinen früheren Erfahrungen und sind insofern neu für ihn. Auch das Bemühen um Linderung seiner Ängste, das Einholen von Hilfe und das Besuchen von Seminaren zeigen Jeremy, wie bedeutungsvoll er für seine Pflegeväter ist.

Wichtiger Hinweis: Die Szene in der Geschichte ist natürlich idealtypisch dargestellt, um das Prinzip des guten Grundes und korrigierender Erfahrungen anschaulich zu zeigen. Und sie stellt einen ersten Anfang in der Pflegefamilie dar, sich dem Trauma Jeremys zu nähern und korrigierende Erfahrungen zu schaffen. Im Alltag der Pflegefamilie kann es lange Zeit mit einigen inhaltlichen Umwegen und Abwehrverhalten des Kindes dauern, bis sich der Kern des Problems zeigt und sich nach und nach lösen kann. Manchmal muss man sich mit dem Kind auf die Suche machen nach den Ursachen seiner Angst und seinen Erlebnissen. Das Spiel bzw. die Rollenspiele leben ebenfalls stets von der Wiederholung, verschiedenen Wandlungen und auch neuen Erkenntnissen, Erfahrungen und Lösungen.

Jeremy ist überrascht über die explorierende Frage in der Möglichkeitsform: *„Was könnte denn passieren, wenn die Tür nicht abgeschlossen wäre?“*, denn die Frage ist neu und es steht nicht wie bisher das Trösten seiner Angst im Vordergrund. Im Gegenteil möchten die Pflegeväter mit ihm zusammen erforschen, was seine guten Gründe sind. Und da die Frage in der Möglichkeitsform gestellt wird, hat Jeremy die Chance, über seine verinnerlichten Ängste frei zu sprechen. Weiter trösten die Pflegeväter nicht und fragen stattdessen, was denn ein Einbrecher tun könnte. Jetzt nähern sie sich dem Kern – Jeremys Angst, dass sein neues Leben und er selbst vernichtet werden könnten – und der Frage, ob und wie sie ihn schützen könnten. Denn erst wenn die Pflegeväter das Ausmaß der Gefahr erkennen und Jeremy dies spürt, können sie für ihn den Weg des Schutzes finden. Würden sie ihm die Ängste ausreden, wegtrösten wollen oder erklären, dass er die Angst nicht haben müsse, würden sie ihm nicht weiterhelfen. Denn Jeremy hat die Pflegeväter in eine quasitherapeutische Situation gebracht, die es anzunehmen gilt. Und auch hier kann es längere Zeit dauern, bis das Kind herausfinden kann, woher seine Angst eigentlich kommt.

Im Ergebnis sind es korrigierende Erfahrungen des Schutzes, der Annahme und Einfühlung in seine traumatische Situation, das Verstehen seiner Angst sowie das Aushalten seiner Gefühle von Angst, Ohnmacht und seines Kontrollbedürfnisses. Durch diese korrigierenden Erfahrungen wäre Jeremy nicht mehr allein mit seinen traumatischen Ängsten und darf und kann Kind bei Pflegeeltern sein.
In einer Kinderpsychotherapie können solche Rollenspiele manchmal über Jahre im Fokus stehen bis die Angst, Ohnmacht und Wut sich deutlich reduzieren und das traumatisierte Kind klarer und stabiler wird.

Was ist grundsätzlich bei Rollenspielen zu beachten?

Zunächst einmal soll das Kind Regie führen: „Ich wäre jetzt mal … und du wärst jetzt mal …“, aber auch die Pflegeeltern können behutsam Vorschläge oder einen Rollenwechsel anregen. Und im Spiel ist vieles erlaubt im Als-ob-Modus. Pflegeeltern müssen auch lernen, Unklares oder Verworrenes auszuhalten in dem Wissen, dass sich der rote Faden schon noch zeigen bzw. das Kind ihn ergreifen wird.

Zeigt das Kind seine Verletzungen oder spielt Misshandlungen symbolisch oder real nach (z. B. indem im Puppenhaus eine Erwachsenen-Puppe eine Kind-Puppe mit dem Kopf in die Toilette steckt), darf und soll dies auch kommentiert werden: „Wie schlimm für ein Kind, es könnte ja dabei sterben.“ Eine solche Kommentierung soll nicht direkt auf die leiblichen Eltern bezogen werden. Das Kind erhält nun Worte für das Erlebte und einen Erwachsenen, der es sieht, aushält und versteht. Spielt das Kind einen großen gefährlichen Gorilla, könnte man z. B. sagen: „Wenn du der Stärkste auf der Welt wärest, dann …“, oder wenn es sich versteckt und nur ganz vorsichtig atmet: „Du bist ein Kind, das sich gut wegmachen kann“. Diese kleinen Beispiele sollen dabei nur Möglichkeiten der Kommentierung aufzeigen und sind nicht pauschal anwendbar. Vielfach geht es darum, dem Kind Worte zu geben. Worte für das, was es erlebt hat und für das, was es korrigierend erfahren kann.

Leibliche Kinder der Pflegeeltern und ihre Gedanken und Gefühle

von Oliver Hardenberg

Daja und Bastian (S. 35)

Warum leibliche Kinder von Pflegeeltern bei der Aufnahme eines Pflegekindes beteiligt werden sollten

In der Auswahl zukünftiger Pflegeeltern durch das Jugendamt sollte die gesamte Pflegefamilie und ihr Umfeld berücksichtigt werden und dazu gehören auch die leiblichen Kinder. Das aufzunehmende Kind sollte deutlich jünger sein, um einerseits die Geschwisterkonkurrenz zu mindern, und andererseits dem Pflegekind viel Zeit und Raum für korrigierende Erfahrungen anbieten zu können. Einzuschätzen ist nicht nur die Passung zwischen Pflegekind und Pflegeeltern, sondern auch zwischen Pflegekind und leiblichen Kindern. Könnten die Kinder vom Typ her zusammenpassen? Ein hochaggressives Pflegekind und ein hochsensibles leibliches Kind könnten zu einer schwierigen Geschwisterbeziehung führen. Wobei eine solche Einschätzung für Fachkräfte bei sehr jungen Kindern naturgemäß schwierig ist. Die letztliche Entscheidung über die Aufnahme eines Pflegekindes sollte aber nur bei den Pflegeeltern und dem Jugendamt liegen und nicht in die Mitverantwortung der leiblichen Kinder gegeben werden. Pflegeeltern wissen vor Aufnahme eines Pflegekindes nicht, was auf sie zukommt – ihre leiblichen Kinder auch nicht.

Es wäre wünschenswert, wenn die Vermittlungsstelle den leiblichen Kindern der Pflegeeltern von Anfang an signalisiert, dass sie im Prozess der Aufnahme eines Pflegekindes berücksichtigt werden und auch nach Aufnahme des Pflegekindes regelmäßig nachgefragt wird, wie es ihnen geht und ob sie Unterstützung benötigen. Und dass sie sich auch gern von sich aus melden dürfen. Eine gesonderte Rubrik im Hilfeplan wäre sicher hilfreich, damit leibliche Kinder nicht in den Hintergrund geraten bzw. vergessen werden.

Im Sozialisationsprozess sind die Beziehungen des Pflegekindes zu den Pflegeeltern als erstrangiger familiärer Schutz identitätsstiftend (Integration, Bindung und Beziehung, Traumaverarbeitung, korrigierende Erfahrungen) und zu den Geschwistern (leibliche oder ältere angenommene Kinder der Pflegeeltern) identitätsmodifizierend (Beziehungserfahrungen im Kontext Liebe, Nähe, Konkurrenz, Verbündung, Neid, Bewunderung, Konflikte, Teilen, Ablehnung u. Ä.).

Es sollte klar sein, dass die zukünftigen Pflegeeltern den Wunsch haben, für ein angenommenes Kind Eltern werden zu wollen. Denn Jugendämter vermitteln nicht Spielkameraden für ältere leibliche Kinder, sondern möchten einem traumatisierten Kind eine neue Familie ermöglichen.

Können leibliche Kinder von einem Pflegekind profitieren?

Im Idealfall kann sich eine klassische bzw. normale Geschwisterbeziehung mit den zuvor angeführten Beziehungsaspekten in typischen Rollen wie jüngeres und älteres Geschwister entwickeln und die Geschwister bilden ein Bündnis in Konflikten mit ihren Eltern. Manchmal reifen auch leibliche Kinder in dieser Form der Geschwisterbeziehung, wenn beispielsweise ein eher gehemmtes Kind von einem durchsetzungsstarken, kämpferischen Pflegekind lernt, anders mit Konflikten, Ärger oder Wut umzugehen.
Oder es schlüpft in eine neue Rolle – vorher war es Einzelkind und jetzt ist es älteres Geschwister, das nun Rücksicht nehmen und Teilen lernen kann. Aber wenn die Eltern jetzt ihr erzieherisches Engagement verstärkt auf das Pflegekind beziehen, ergeben sich für das leibliche Kind auch neue Möglichkeiten oder Freiräume, aber auch das Risiko, zum Schattenkind in der Familie zu werden.

Die Eltern als engagierte Helfer und Unterstützer für ein traumatisiertes Pflegekind zu erleben, ist auch eine neue Erfahrung. Ebenso verhält es sich, wenn das leibliche Kind erfährt, wie das Pflegekind früher misshandelt wurde und welche Folgen das hat. Ist die Entwicklung des Pflegekindes insgesamt positiv und erfolgreich, interessieren sich manche leibliche erwachsene Kinder für psychosoziale Themen oder richten unter Umständen sogar ihre Berufswahl daran aus.

Was verändert sich für das leibliche Kind?

Ohnehin ändert sich generell viel für ein Kind, wenn ein Geschwisterkind in der Familie hinzukommt. Wird aber ein schon etwas älteres Kind mit traumatischen Erfahrungen und Verhaltensauffälligkeiten aufgenommen, verändert sich manchmal alles und auch dem leiblichen Kind fehlen gemeinsame Erlebnisse mit dem angenommenen Kind. Es hat ja auch nicht seit Geburt des Pflegekindes als Geschwister mit ihm zusammengelebt.

Plötzlich wird für das leibliche Kind aus seiner traditionellen Familie eine Pflegefamilie, die so auch tituliert, angesprochen oder eingeladen wird (z. B. zur Pflegefamilien-Freizeit, bei der leibliche Kinder *auch* mitkommen dürfen). Im Wohnzimmer liegen Bücher über Pflegekinder, Trauma, gute Gründe oder Einladungen zu Treffen von Pflegeeltern, Fachtagen und Seminaren. Das leibliche Kind ist bisweilen in der Nennung nicht mehr das Kind seiner Eltern, sondern das leibliche Kind in der Pflegefamilie. Hinzu kommen regelmäßige Besuche von Fachkräften des Jugendamtes, Fachberatenden oder Vormündern, also die Wahrnehmung eines Wechsels von der privaten Erziehung in der traditionellen Familie hin zur öffentlichen Erziehung in der Pflegefamilie.

Nicht selten orientiert sich das ältere Kind verstärkt an dem Vater, während das jüngere Kind (Pflegekind) sich an die Mutter bindet, um primäre korrigierende Erfahrungen erleben zu können. Sind die Verhaltensauffälligkeiten des Pflegekindes massiv, gerät die gesamte Familie unter Druck und selbst der Familienhund spürt den Stress, das Agieren, die Angst oder die Aggression eines traumatisierten Kindes im familiären Alltag. In unserer Geschichte ist es Bastian peinlich, wenn Daja auch in Gegenwart seiner Freunde ausrastet, und er weiß gar nicht, wie er das seinen Freunden am besten erklären kann.

Wie kommt es, dass leibliche Kinder der Pflegeeltern unter dem Pflegekind leiden?

Hat das Pflegekind Verwahrlosung oder seelische, körperliche, sexuelle Gewalt erlebt, ist allein die Vorstellung davon für leibliche Kinder letztlich auch ein Schock. In der Praxis kann dies so weit gehen, dass leibliche Kinder anfangs zeitweise Ängste der Pflegekinder übernehmen: Sie haben z. B. plötzlich Angst, verhungern zu können, oder träumen, dass sie sexuelle Gewalt erfahren oder man sie aus der Familie nimmt. Auch kommt es vor, dass das Pflegekind seine Wut und seinen Frust an dem leiblichen Kind ausagiert. Wenn das leibliche Kind sich im Jugendalter gerade mit seiner sexuellen Entwicklung auseinandersetzt und mitbekommt, dass das Pflegekind Zeuge oder betroffen von sexueller Gewalt in der Ursprungsfamilie war, weil es dies erzählt oder nachspielt oder auf die Pflegeeltern überträgt, ist dies ebenfalls eine hohe Belastung.

Wenn das Pflegekind massive Verhaltensauffälligkeiten zeigt (z. B. Essen horten, Pflegemutter schlagen, Verweigerungen, Kinder schlagen, Tiere treten, Sachen zerstören, Stehlen, Unruhezustände, Panik, Weglaufen etc.), ist dies für das leibliche Kind, das all dies im Alltag miterlebt, eine Zumutung und ein Leid. Für das leibliche Kind werden damit Normen und Werte gebrochen, die in der Familie bislang indiskutabel waren. Das eigene Bild von Familie und den dazugehörigen Regeln des Zusammenlebens gerät ins Wanken (vgl. das von Bastian in unserer Geschichte erzählte Erleben beim Spaziergang mit seiner Mutter).

Das leibliche Kind kann auch Ängste entwickeln oder es unterdrückt seinen Ärger, seine Wut, um das Pflegekind nicht zu belasten. Nimmt es dabei die Ohnmacht und Erschöpfung der Pflegeeltern wahr, ist die Situation noch herausfordernder.

Manche leibliche Kinder, die genau wissen, was für eine glückliche Kindheit sie im Vergleich hatten, entwickeln Schuldgefühle oder wollen ihren Eltern unterstützend zur Seite stehen. Sie nehmen von sich aus Betreuungsaufgaben an, halten den Eltern den Rücken frei, nehmen sich selbst immer mehr zurück und geraten bisweilen in depressive Stimmungen angesichts des Elends des Pflegekindes und dem Stress der gesamten Familie. Das leibliche Kind soll aber eigentlich nicht (unbezahlte) Familienhilfe in der Pflegefamilie leisten, sondern einfach Kind und Jugendlicher sein dürfen.

Hochirritiert können leibliche Kinder auf regelmäßige Kontakte des misshandelten Pflegekindes mit den verursachenden leiblichen Eltern reagieren, vor allem, wenn das Pflegekind vor und nach diesen Kontakten hochauffällig mit Ängsten, Schlafstörungen, Verunsicherung, Einnässen und psychosomatischen Reaktionen reagiert. Manche leibliche Kinder verstehen dann „die Welt" nicht mehr. Bisweilen kommt ein leibliches Kind so unter psychischen Druck, dass es der psychotherapeutischen Hilfe bedarf.

Was sind typische Sorgen leiblicher Kinder in der Pflegefamilie?

Eine große Sorge ist, dass es nicht besser wird mit dem auffälligen Agieren des Pflegekindes und Anstrengung, Überforderung und Erschöpfung nicht weniger werden bzw. ein Ende nicht in Sicht ist. Bastian macht dies im Gespräch mit seiner Mutter sehr deutlich.
Und gerade weil eine soziale, emotionale und stabile Geschwisterbeziehung entstanden sein kann (ohne Blutsverwandtschaft), kann sich die Sorge entwickeln, dass das Pflegekind seine Traumata nicht verarbeitet und den leiblichen Eltern (Alkohol, Drogen, Gewalt, Verwahrlosung) ähnlich wird. Sieht das leibliche Kind in die Zukunft, wird es sich unter Umständen ein Leben lang für sein verhaltensauffälliges Geschwister verantwortlich fühlen.

Was hilft und unterstützt leibliche Kinder der Pflegeeltern?

Das Wichtigste für leibliche Kinder ist, dass sie mit ihren Belastungen, Herausforderungen und Sorgen – manchmal auch Zumutungen – gesehen und verstanden werden. In der Geschichte mit der Pflegetochter Daja und dem leiblichen Sohn Bastian ist es Bastians Mutter möglich, seine Gedanken und Gefühle auszuhalten. Er wird dafür nicht kritisiert, er darf sagen, was er denkt und fühlt, zeigen, wie es ihm geht. Und die Pflegemutter appelliert nicht ständig an sein Ältersein, seine Vernunft und an die Tatsache, dass er nicht traumatisiert ist bzw. Daja gute Gründe für ihre Auffälligkeiten hat. Bastian weiß selbst, dass es keine schnellen Lösungen gibt. Aber darf er sich wünschen, dass Daja auszieht?

Entscheidend ist auch, dass leibliche Kinder nicht von Fachkräften im Jugendamt, in der Beratung der Pflegefamilie, in Angeboten der Diagnostik oder Therapie für die Pflegefamilie vergessen und auch für ihren Beitrag in der Pflegefamilie gewürdigt werden. Das ist oft in der Rückschau der größte Vorwurf leiblicher Kinder der Pflegeeltern, nämlich vergessen worden zu sein, immer hintenanzustehen: Alle ringen und bemühen sich – zu Recht – sehr um die Gesundung und positive Entwicklung des traumatisierten und verhaltensauffälligen Pflegekindes und das leibliche Kind kommt nicht mehr in den Überlegungen und Unterstützungen vor.
Im Alltag der Pflegefamilie ist oft ein Auseinanderdividieren des Geschwisterpaares erforderlich – getrennte Unternehmungen, manchmal sogar getrennte Mahlzeiten sowie exklusive Zeiten für jedes Kind mit jedem Elternteil. In der Geschichte lädt der Pflegevater Bastian zum Preußenspiel ein und gibt ihrer Beziehung dadurch Zeit und Raum.

Ebenso heizt die Gleichbehandlung bzw. Gleichmacherei von leiblichem Kind und Pflegekind durch die (Pflege-)Eltern die Konkurrenz zwischen ihnen eher noch an, während die Betonung ihrer Unterschiedlichkeit hilfreicher ist. Und die Versuche der Herstellung familiärer Harmonie lösen die Probleme in der Regel nicht.

Literaturtipp: Ilse Achilles (2018): ... und um mich kümmert sich keiner! Die Situation der Geschwister behinderter und chronisch kranker Kinder. 6. Aufl., Ernst Reinhardt Verlag

Was bedeutet Familie für ein Pflegekind?

von Michael Greiwe

Piet (S. 38)

Piet ist ein Kind, das in seiner Herkunftsfamilie als Säugling und Kleinkind wenig beachtet wurde. Mit vier Jahren hatte er noch nie seinen Geburtstag gefeiert, kannte kein Weihnachtsfest und hatte nur selten die Wohnung verlassen.
Seine Eltern fühlten sich von ihm häufig genervt und sperrten ihn zur Strafe regelmäßig in ein Zimmer ein. Mit seiner Aufnahme in die Pflegefamilie wurde seitens des Jugendamtes primär das Ziel verfolgt, ihn zu schützen und ihm eine Möglichkeit zu geben, gesunde elterliche Beziehungen aufzunehmen.

Ein solcher Prozess wird seitens der Fachkräfte als *Sozialisation in eine Ersatzfamilie* bezeichnet.

Nun ist es aber nicht das einzige Ziel, dass ein Pflegekind neue Eltern erlebt, die entgegen seinen bisherigen Erfahrungen sehr liebevoll und fürsorglich mit ihm umgehen. Ein weiteres Ziel ist es, dass Pflegekind und Pflegeeltern zu einer neuen Familie zusammenwachsen, mit der sie sich identifizieren und sich als eine solche definieren.

Was verbinden wir in unserer Kultur mit dem Begriff „Familie"?

Wichtige Aspekte einer Familie sind neben der Übernahme elterlicher Verantwortung:

- Schutz und vertrauter Rückzugsort mit einer klaren Begrenzung nach außen
- Kooperations- und Solidaritätsverhältnisse aller Familienmitglieder
- Enge, vertraute, verbindliche Beziehungen der Mitglieder untereinander
- Die Funktion, für jedes Mitglied das Bedürfnis nach Nähe, Geborgenheit, Liebe und Zuneigung zu erfüllen
- Ein eigenes Leitbild, eigene Werte und Normen, die in einer gelebten *Familienkultur* münden
- Vorgegebene Definitionen der jeweiligen Rollen sowie Regeln und Handlungsmuster, basierend auf den Werten der Familie

Das Motto einer solchen Familienkultur könnte *„Keiner bleibt allein"* lauten.

Was verbinden wir in unserer Kultur mit dem Begriff „Pflegefamilie"?

Die beiden prägnantesten Unterschiede zu dem Begriff Familie bestehen faktisch darin, dass das Kind nicht von seinen Pflegeeltern abstammt und zuvor in einer oder mehreren Familien oder in familienähnlichen Systemen gelebt hat. Kinder werden von Jugendämtern in Pflegefamilien vermittelt, da sie aufgrund defizitärer Lebensverhältnisse, Kindeswohlgefährdungen und/oder bereits eingetretenen Schädigungen eine neue Familie zu ihrem Schutz und für eine gesunde Entwicklung benötigen.

Führt man sich jetzt vor Augen, welche Erfahrungen Pflegekinder mit Blick auf die oben genannten Aspekte zuvor gemacht haben (*„im Rucksack haben"*), stellen sich die Fragen nach *„Familienkultur"*, *„Werten und Normen"*, *„Beziehungen untereinander"* in der Regel völlig anders dar. Anhand dieser Erfahrungen lässt sich das Ausmaß der Anforderungen an ein Pflegekind, sich in eine neue Familie zu integrieren, nur erahnen. Für die Pflegeeltern ist es von erheblicher Bedeutung, die bisherigen Erfahrungen des Kindes zu kennen und zu berücksichtigen.

Wie erlebt das Pflegekind die neue Familienkultur?

Eine Familienkultur bezieht sich auf gemeinsame Werte, Normen, Traditionen und Verhaltensweisen innerhalb einer Familie bzw. darauf, wie das gesamte Familienleben stattfindet. Sie prägt die Identität und das Zusammengehörigkeitsgefühl einer Familie und wird oft von Generation zu Generation weitergegeben.

Die Anstrengung ist für das Pflegekind nun damit verknüpft, das System Familie ganz neu zu erleben, zu verstehen und seinen Platz zu finden. Dabei steht die Beziehung zu den Pflegeeltern und ihrer Familienkultur in einer Wechselwirkung: Einerseits stärkt das gemeinsame Erleben von neuen Normen und Werten die Beziehung des Kindes zu seinen Pflegeeltern, andererseits eröffnen die mehr und mehr vertrauten Beziehungen Möglichkeiten, eine ganz eigene Familienkultur zu entwickeln.

Für Pflegekinder ist es unausweichlich, die neue Familienkultur zu verstehen, mitzugestalten und dadurch das Gefühl zu erleben *„Ich gehöre dazu!"*. Ein solcher Prozess kann bei Pflegekindern z. B. auch in dem Wunsch münden, den Nachnamen der Pflegefamilie annehmen zu wollen.

Warum kann gerade Weihnachten für ein Pflegekind eine so hohe Herausforderung sein?

Erkennbar wird eine Familienkultur auch darin, mit welchen Traditionen und Ritualen Familienfeste und -feiern begangen werden. Im Jahresverlauf ist kein Fest so mit dem Thema Familie und Zuhause verwachsen sowie mit der Absicht, Kindern viel Freude zu bereiten, wie Weihnachten. Weihnachten begehen viele Menschen zumeist mit ihren Familie in einer sehr heimeligen, wohligen und liebevollen Atmosphäre; es ist ein Fest, das sehr emotional gefeiert wird. Selten wird bedacht, dass die vielen neuen Rituale und der besonders liebevolle

Umgang miteinander am Weihnachtstag einen hohen Anspruch an Pflegekinder stellen.

Nicht vergessen darf man dabei, dass Weihnachten für manche Pflegekinder mit sehr negativen Erfahrungen (Alkohol, Gewalt) verbunden ist, die häufig auch ursächlich für solche Stressreaktionen verantwortlich sein können.

Der Pflegemutter gelingt es in der Geschichte zu Beginn großartig, den von den vielen faszinierenden Dingen und sichtbaren Vorbereitungen beeindruckten Piet mit in die Familienkultur einzubeziehen. Sie lässt ihn an den Vorbereitungen und der weihnachtlichen Stimmung teilhaben. Davon beflügelt baut sie einen traditionellen Spannungsbogen auf, mit dem sie ihn unbewusst, aber eben doch sichtbar überfordert. Als Piet auf seinem Zimmer allein auf die Bescherung wartet und zur Ruhe kommt, ist er der Anforderung nicht mehr gewachsen, die emotional aufgeladene Stimmung für sich einzuordnen und ihr gerecht zu werden. Er ist mit den vielen neuen Eindrücken überfordert und weiß nicht, mit ihnen umzugehen.

Die emotional massiven Eindrücke münden darin, dass Piet in seine vertraute Spielwelt abtaucht und sich mithilfe des Spiels mit seinem Lieblingsauto zurückzieht, um seine emotionale Überforderung zu regulieren. Er verlässt also die weihnachtliche Situation, um dem Stress zu entgehen.

Worin liegen die korrigierenden Erfahrungen für Piet?

Es ist wichtig, dass Pflegeeltern ein solches Verhalten als eine emotionale Überforderung ihres Pflegekindes erkennen und Piet erst einmal den Freiraum geben, sich durch Ablenkung selbst aus der Überforderung zu holen. Geduld und Verständnis helfen dabei, dass sich das Kind wieder sicher und besser fühlt.

Schön ist es, dass die Pflegemutter selbst die Flexibilität hat, von ihren so detailliert und liebevoll geplanten Vorbereitungen abzuweichen – sogar auch entgegen ihren eigenen Erwartungen an das Weihnachtsfest. Hier ist auch die Pflegemutter in einer besonderer Weise selbst emotional gefordert. Sie begibt sich gekonnt auf die Ebene des Kindes, da sie spürt, dass Piet der Situation emotional nicht mehr gerecht werden kann. Sie kommt seinem Wunsch, auf dem Zimmer zu bleiben, nach, sogar ohne diesen tatsächlich zu verstehen.

Erleben Pflegeeltern ihr Pflegekind emotional überfordert, so sollte das bekannte Prinzip *„Das Kind da abholen, wo es steht"* eine tatsächlich passende und geeignete Verwendung finden – wie bei Piet. Das Prinzip beinhaltet im ersten Schritt, die emotionale Überbelastung des Kindes zu akzeptieren. Es bedingt ferner, eigene Absichten und Pläne mit Rücksicht auf die Überforderung des Kindes zurückzustellen und auf der Ebene des Kindes eine hilfreiche Situation zu schaffen.

Die Einbeziehung in die Familienkultur gelingt der Pflegefamilie dadurch, nicht primär alle geplanten Traditionen und Rituale bedingungslos durchsetzen zu wollen, sondern über Rücksichtnahme und Verständnis ihre jeweilige Kultur mit dem Bedürfnis des Kindes abzustimmen. Für Piet und seine Pflegefamilie wird die weihnachtliche Festkultur umgeschrieben und es ist durchaus möglich, dass sich daraus sogar eine neue Familientradition entwickeln wird.

Piet wird aktiv einbezogen, er darf mitgestalten und ist somit Teil davon, die Familienkultur weiterzuentwickeln. Im Ergebnis erfahren Piet und seine Pflegeeltern so viel gegenseitige Wertschätzung und Zuwendung, die mit noch so liebevoll vorbereiteten Ritualen und Geschenken nicht erreicht worden wäre.

„Der hauptsächliche Grund, Kinder in Pflegefamilien unterzubringen, ist,
dass sie trotz ihrer traumatischen Erfahrungen elterliche Beziehungen aufnehmen können."
Prof. August Huber, mündliches Zitat

„Wenn das Kind Ordnung ins Chaos bringen soll,
muss es vorher die Erfahrung des Lebens in einer geordneten Welt gemacht haben."
Bruno Bettelheim (1997), Liebe allein genügt nicht. Die Erziehung emotional gestörter Kinder, Klett-Cotta

---

Literaturverzeichnis

Achilles, Ilse (2018): ... und um mich kümmert sich keiner! Die Situation der Geschwister behinderter und chronisch kranker Kinder. 6. Auflage. Ernst Reinhardt Verlag

Alexander, Franz; French, Thomas M. et al. (1946). Psychoanalytic Therapy: Principles and Application. Chapter 4: The principle of corrective emotional experience. New York: Ronald Press

Bettelheim, Bruno (1997). Liebe allein genügt nicht. Die Erziehung emotional gestörter Kinder, Klett-Cotta

Bettelheim, Bruno (1974). Der Weg aus dem Labyrinth. Leben lernen als Therapie. Ullstein Materialien

Hardenberg, Oliver (2024a). Wenn Liebe und Fürsorglichkeit allein nicht ausreichen. Interview. In: Paten, 41, 1

Hardenberg, Oliver (2024b). Sozialpädagogische Diagnostik eines Pflegeverhältnisses durch Fachkräfte im Pflegekinderwesen. Unveröffentlichtes Vortragsmanuskript

Hardenberg, Oliver (2023). Darf man traumatisierte Pflegekinder auch normal erziehen? Unveröffentlichtes Vortragsmanuskript

Hardenberg, Oliver (2022). Pflege- und Adoptivkinder im Alltag. Gründe für Verhaltensauffälligkeiten und hilfreiche Interventionen. PFAD 2/2022, S. 12–15

Hardenberg, Oliver; Stotz, Imke; Rodríguez, Ana (2022). Wir haben gute Gründe! Illustrierte Geschichten für Pflegekinder, ihre Pflegeeltern und Fachkräfte. 2., unveränderte Auflage. Schulz-Kirchner Verlag

Hoff-Emden, Heike (2023). Fetale Alkoholspektrum-Störungen (FASD). Consilium Hebamme Heft 13

Hüther, Gerald (2001). Die neurobiologische Verankerung von Erfahrungen und ihre Auswirkungen auf das spätere Verhalten. Plenarvortrag, 24. April 2001 im Rahmen der 51. Lindauer Psychotherapiewochen

Janning, Martin (2023). Psychologische Aspekte für Pflegekinder. In: Stiftung zum Wohl des Pflegekindes (Hrsg.). Stärkung der Pflegekinder. Herausforderungen aus psychologischer, pädagogischer und rechtlicher Sicht. 8. Jahrbuch des Pflegekinderwesens. Schulz-Kirchner Verlag

Jost, Annemarie (2019). FASD im vorschulischen Kontext – Bedürfnisorientierte Lösungsansätze für Betroffene, (Pflege-)Eltern und ErzieherInnen. https://www.boje-brandenburg.de/downloads/Fachtagungen/2019_11_08_Handreichung_Kita.pdf

Kaiser, Roland; Eichhorst, Sabine (2021). Sonnenseite: Die Autobiographie. Heyne Verlag

Kunze, Janine (2013). Geschenkte Wurzeln: Warum ich mit meiner wahren Familie nicht verwandt bin. Pendo-Verlag

Landschaftsverband Rheinland, LVR-Landesjugendamt, Landschaftsverband Westfalen-Lippe, LWL-Landesjugendamt (Hrsg.) (2017). Fetale Alkoholspektrumstörungen in der Praxis der Pflegekinderhilfe – eine gemeinsame Arbeitshilfe der Landesjugendämter Rheinland und Westfalen. https://www.lwl-landesjugendamt.de/media/filer_public/c8/e6/c8e6634f-2afc-43b8-87ef-a19f5fae3090/171005_arbeitshilfe_fetale_alkoholspektrum_stoerung_fasd_pflegekinderhilfe.pdf

Leipholz, Sabine; Kamphausen, Uwe (2020). Das FASD-Elternbuch. Hilfen und Strategien für Eltern und Kinder. Schulz-Kirchner Verlag

Melcher, Imke (2013). Franz Alexander und die moderne Psychotherapie. Psychosozial-Verlag

Nienstedt, Monika (2023). Mit dem Kind spielen. In: Stiftung zum Wohl des Pflegekindes (Hrsg.). Stärkung der Pflegekinder. Herausforderungen aus psychologischer, pädagogischer und rechtlicher Sicht. 8. Jahrbuch des Pflegekinderwesens. Schulz-Kirchner Verlag

Nienstedt, Monika; Westermann, Arnim (2007). Pflegekinder und ihre Entwicklungschancen nach frühen traumatischen Erfahrungen. Klett-Cotta Verlag

Schauer, Maggie; Schalinski, Inga (2022). Zur Biologie des Überlebens – Ätiologie und Behandlung traumainduzierter Dissoziation. In: Müller, Ruf-Leuschner, Grimmer Knaevelsrud, Damman (Hrsg.) (2022). Traumafolgen – Forschung und therapeutische Praxis. Kohlhammer

Schlachtberger, Anne (2023). FASD und Schule. Eine Handreichung zum Umgang mit Schülern mit Fetaler Alkoholspektrumstörung, 4., unveränderte Auflage 2023, Schulz-Kirchner Verlag

Zenz, Gisela (2005). Aktuelle Ergebnisse der Bindungs- und Traumaforschung und ihre Bedeutung für die Fremdunterbringung. Referat für ein Seminar der Stiftung zuum Wohl des Pflegekindes am 09. April 2005 in Renchen bei Offenburg. Online unter: https://stiftung-pflegekind.de/produkt/aufsatz-aktuelle-ergebnisse-der-bindungs-und-traumaforschung-und-ihre-bedeutung-fuer-die-fremdunterbringung/

Ziebertz, Torsten (2022). Das traumatisierte Kind in der Pflegefamilie. Ein Ratgeber für Pflegeeltern. Lieb & Ziebert Verlag GbR